Lars Mechler

„Sicher und klar“

Professionelle Deeskalation in der Arbeit mit Kindern und Jugendlichen

Lars Mechler

„Sicher und klar“

Professionelle Deeskalation in der Arbeit mit Kindern und Jugendlichen

Unser Buchprogramm im Internet: www.verlag-modernes-lernen.de

Externe Links

Der Verlag weist ausdrücklich darauf hin, dass eventuell im Text enthaltene externe Links vom Verlag nur bis zum Zeitpunkt der Buchveröffentlichung eingesehen werden konnten. Auf spätere Veränderungen hat der Verlag keinerlei Einfluss. Eine Haftung des Verlages ist daher ausgeschlossen.

Folgen Sie uns auf  

Gesamtherstellung in Deutschland: Löer Druck GmbH, Dortmund

Coverillustration: © fotomek – stock.adobe.com

Schrift: Alegreya Sans

2., verbesserte Aufl. 2024

Bestell-Nr. 4372 ISBN 978-3-8080-0952-9

Inhalt

Vorwort

In der Arbeit mit Kindern und Jugendlichen (im Folgenden mit KuJ abgekürzt) sind pädagogische Fachkräfte und auch andere Erwachsene immer wieder mit der Herausforderung konfrontiert, soziale und emotionale Eskalationen zu deeskalieren. Vor allem in der Arbeit mit besonders belasteten und belastenden KuJ gehören Grenzüberschreitungen, Konflikte und herausforderndes Verhalten mehr oder weniger zum Alltag. Auch emotionale und aggressive Eskalationen können, je nach Zielgruppe und Gruppendynamik, sporadisch oder regelmäßig vorkommen. Wenn sich diese häufen und / oder intensiv gestalten, dann können sie zu einer ernsthaften Belastung für die betroffenen Menschen sowie für das Arbeits- und Sozialklima werden.

Profis in Bildung und Erziehung sind in der Verantwortung, einen klaren, angemessenen und sicheren Rahmen zu setzen, um ihrer Klientel ein möglichst sicheres, anregendes und förderliches Umfeld zu schaffen sowie das Entstehen von Gefährdungen und Schädigungen für sich und andere zu verhindern bzw. einzugrenzen.

Eine professionelle Einstellung und Vorbereitung auf den Umgang mit „aggressivem“ und herausforderndem Verhalten sowie die systemische Verhinderung/Reduktion der Entstehung von solchen Verhaltensweisen sind ein elementarer Bestandteil eines ganzheitlichen und professionellen Deeskalationskonzeptes.

Je sicherer und klarer sich die verantwortlichen PädagogInnen in emotional hochangespannten Situationen verhalten, desto effektiver und nachhaltiger können sie diese Aufgabe erfüllen. Durch ein souveränes Auftreten der zuständigen PädagogInnen entsteht für KuJ im Allgemeinen und für verunsicherte und evtl. emotionalisierte KuJ im Speziellen ein Gefühl von Klarheit, Sicherheit, Orientierung und Verlässlichkeit.

Doch selbst durch das professionellste Deeskalationsverhalten und im Kontext eines optimalen Deeskalationsmanagements, lassen sich in der Arbeit mit KuJ aggressive Eskalationen nicht immer vollständig verhindern. Was sich jedoch beeinflussen lässt, sind die Häufigkeit und Intensität dieser Eskalationen sowie deren Nachwirkungen.

Dieses Buch enthält umfangreiches Wissen, mit dessen Hilfe Sie sich gezielt und wirksam auf Regelkonflikte und herausfordernde Situationen sowie gewalttätige/aggressive Eskalationen vorbereiten können. Sie können dieses Wissen zur Reflexion realer Eskalationserlebnisse nutzen und dadurch Ihre (Selbst-)Wahrnehmung, ihre Handlungsfähigkeit und Stressresistenz erweitern, wodurch Sie zukünftigen Konflikten mit und unter KuJ innerlich vorbereiteter entgegensehen können.

Beachten Sie jedoch bitte, dass es keine universell wirksamen Deeskalationsstrategien und -techniken gibt. Nicht alles wirkt immer und überall gleich gut. Sehen Sie die im Folgenden vorgestellten und z.T. empfohlenen Techniken und Prinzipien als eine Möglichkeit, um Ihr vorhandenes Handlungsrepertoire zu ergänzen, so dass Sie zukünftig vielseitiger und dadurch evtl. auch passender (re-)agieren können. Bedenken Sie dabei, dass es neben diesen Ideen auch noch zahlreiche andere Möglichkeiten gibt, eskalierende Dynamiken erfolgreich zu unterbrechen. Am Ende besteht eine erfolgreiche Deeskalation wohl aus dem bewussten oder unbewussten Einsatz verschiedener Techniken, die in der Art und Weise ihrer Anwendung individuell und situativ angepasst wurden (vgl. Schwabe 2019, 89).

Deeskalation ist in dem Kontext auch nicht mit dem Lösungsprozess von elementaren Kernproblemen zu verwechseln. Nicht selten werden akute Eskalationen durch eigentlich nebensächliche Themen und Reize ausgelöst. Hinter der Fassade der akuten emotionalen Hochanspannung steckt dann in vielen Fällen ein ungelöstes und für die betroffene Person elementar wichtiges (Kern-)Problem. In der Lösung dieses Kernproblems liegt dann die maßgebliche Chance, um zu einer dauerhaften Reduktion emotionaler Eskalationen zu gelangen. Um solche Lösungsprozesse erfolgreich zu gestalten, müssen alle relevanten Subsysteme mit einbezogen werden, denn die jeweiligen Problemlagen sind in der Regel zu komplex, als dass sie durch einzelne Personen oder Systemeinheiten gelöst werden können. Das deeskalative Vorgehen in den Momenten der akuten emotionalen Hochanspannung ist dabei ein wichtiger Bestandteil des professionellen Vorgehens. Ohne eine erfolgreiche Deeskalation in den Momenten akuter Hochanspannung oder Gefährdung werden Problemlösungsprozesse erschwert oder gar zum Scheitern gebracht. Die Kompetenz, hochangespannte und aggressiv handelnde KuJ emotional und physisch zu beruhigen ist somit eine wichtige Grundkompetenz für alle PädagogInnen, die sich mit ihnen in dauerhaften erzieherischen oder therapeutischen Settings befinden.

Der Großteil der hier formulierten Prinzipien und Techniken lässt sich auch auf den Umgang mit emotional hochangespannten Erwachsenen übertragen. Auch in der Arbeit mit Menschen mit Beeinträchtigungen lassen sich viele der Techniken und Prinzipien gut anwenden. Auf die dazu notwendigen, generellen und vor allem individuellen Modifikationen wird im weiteren Verlauf nicht immer gesondert eingegangen. Nutzen Sie dazu selbstbewusst Ihre spezifische Fachkenntnis und gestalten so den möglichen Wissenstransfer.

Im Prinzip ist akute Deeskalation nicht kompliziert, ABER in der Tat kann sie sehr herausfordernd sein. Im Englischen würden man kurz sage: „It's easy, but not simple!" Gehen Sie in die Praxis, trauen Sie sich neue Wege zu gehen, trauen Sie sich „Fehler" zu machen. Nur so werden Sie Entwicklung und Fortschritt erfahren!

Lars Mechler
Januar 2022

A › Präventive Deeskalation

Deeskalation meint die Verhinderung, Reduktion, Verlangsamung und Unterbrechung von destruktiven bzw. schädigenden Prozessen. Sie hat sowohl personelle als auch strukturelle Komponenten und ist in ihrem Verlauf sowohl personen- als auch kontextabhängig.
Ein ganzheitliches Deeskalationskonzept umfasst mehrere Phasen:

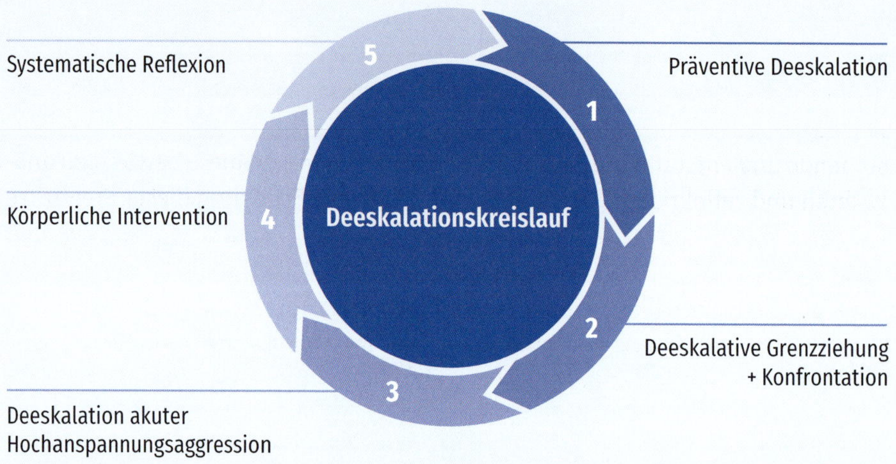

Abbildung 1

Diese Phasen bilden ein geschlossenes, zirkuläres System aus ineinandergreifenden und aufeinander bezugnehmenden Phasen.
Die Deeskalation kann dabei, je nach Phase, präventiv, akut und nachbereitend geschehen.
Deeskalation ist dabei nicht gleichzusetzen mit „Problemlösung". Natürlich führt das Lösen von Problemen oftmals auch dazu, dass mit der Lösung auch Eskalationsursachen verschwinden. In der Realität von familiärer Erziehung, Schule und Jugendhilfe lassen sich allerdings viele Probleme nicht direkt oder zeitnah lösen. Dann erfüllt die Deeskalation den Zweck, dass zu den bestehenden Problemen möglichst keine weiteren Aggressionsprobleme hinzukommen. Erfolgreiche Deeskalation verschafft somit Zeit, um an einer nachhaltigen Problemlösung zu arbeiten.

1. Präventive Deeskalation

Diese Phase ist durch das Bemühen gekennzeichnet, das Entstehen von aggressiven Eskalationen durch strukturelle und personelle Maßnahmen zu hemmen oder sogar zu vermeiden. Da man menschliches Verhalten letztendlich nicht kontrollieren und bestimmen kann (vgl. Kapitel A, Abschnitt 2) kann es hier „nur" darum gehen, bestmögliche Bedingungen dafür zu schaffen, dass es für die KuJ nicht notwendig bzw. nicht attraktiv wird, sich aggressiv zu verhalten.
Ein entscheidender Faktor in dieser Phase ist, anspannungsauslösende Reize zu erkennen und diese, wenn möglich, zu vermeiden bzw. zu reduzieren. Um solche Reize systematisch zu erfassen ist es sehr hilfreich, eine Dokumentation über entstehende und entstandene Eskalationen anzufertigen und diese bewusst zu analysieren und reflektieren. Durch eine systematische Erfassung dieser Ereignisse können mögliche Muster und Reize, welche häufig zu aggressiven Eskalationen führen, erkennbar werden. Anspannung auslösende Reize können dabei sowohl individuelle Trigger (Gerüche, Gedanken, Personen, Themen, etc.) aber auch Regeln, Anforderungen, Begrenzungen, Provokationen etc. sein. Ein Ziel der präventiven Deeskalation ist es, diese Reize zu erkennen, damit dann die Entscheidung getroffen werden kann, ob und mit welchem Aufwand versucht werden soll, das Auftreten der Auslöserreize zu reduzieren.
Wenn man aggressive Eskalationen als Anzeichen für ein systemisches Ungleichgewicht in einer Einrichtung oder Gruppe sieht, dann kann man ein vermehrtes Auftreten aggressiver Eskalationen als Anlass nehmen, um zu prüfen, ob es im System der Einrichtung oder Gruppe Faktoren gibt, die nicht mehr zur aktuellen Konstitution der Gruppe passen. Dies können sowohl strukturelle Faktoren (z.B. Regeln), individuelle Faktoren (z.B. Langeweile, Angst, Wut, ...) oder interpersonelle Faktoren (z.B. Konflikte, Gewalt) sein.
Ein weiterer Aspekt der präventiven Deeskalation ist, die Überprüfung der individuellen und institutionellen Einstellung zu Aggression und Gewalt, die jeweilige situative Wahrnehmung und Bewertung von potenziell „problematischen" Verhaltensweisen, sowie die persönliche Einstellung der PädagogInnen bezüglich der einzelnen Kinder und Jugendlichen. Diese Faktoren bilden letztendlich die Grundlage für jede folgende Verhaltensentscheidung. Da PädagogInnen immer ein Teil des Gesamtsystems sind und somit ihr Handeln auch immer einen Einfluss auf Eskalationsdynamiken hat, sollten sie regelmäßig ihre individuelle und institutionelle Wahrnehmung, Wertung und Grundhaltung reflektieren, damit sie sich dieser bewusst sind, um bei Bedarf in diesem Bereich an Veränderungen arbeiten zu können.

2. Grundhaltung

Im Folgenden sind einige grundlegende Haltungen und Annahmen skizziert. Sie bilden mit den Grundprinzipien in Kapitel 2.1 die Basis für die Vorgehensweisen und Techniken, die Ihnen in diesem Werk dargestellt werden.

„Achte auf deine Gedanken, denn sie werden zu deinen Gefühlen. Achte auf deine Gefühle, denn sie werden zu deiner Haltung. Achte auf deine Haltung, denn sie wird zu deinem Verhalten!" (frei nach Virginia Satir)

„Mit der Zeit nimmt die Seele die Farbe der Gedanken an." (Marc Aurel)

1. *Die Wahrnehmung von Menschen ist subjektiv*

Jeder Mensch nimmt die eigene Umgebung ganz individuell wahr (persönliche Aufnahme von Reizen, sowie deren Deutung und Bewertung). Ein und dieselbe Situation kann von zwei Menschen grundlegend anders wahrgenommen werden (vgl. Kasten 2014, 283; Dutschmann 2003, Nr. 44, 57; Kasten 2014, 283). Somit kann man sagen: „Wirklichkeit ist also immer vom Menschen konstruierte Wirklichkeit" (Gudjons 2012, 253).

Konflikte oder Eskalationen können schnell entstehen, wenn es zwischen zwei oder mehreren Personen zu nicht miteinander zu vereinbarenden Deutungen und Bewertungen einer Situation kommt.

PädagogInnen sollten im Umgang mit KuJ auch dann immer dazu bereit sein, die Sichtweise/Wahrnehmung der KuJ zu sehen und anzuerkennen, wenn diese von der ihren abweicht. Nur so sind sie in der Lage, die Handlungsmotivationen der KuJ zu verstehen und mit den KuJ nach passenden Alternativen zu einem grenzverletzenden bzw. herausfordernden Verhalten zu forschen. „Verstehen" ist dabei nicht gleichzusetzen mit Entschuldigen oder Einverstandensein (Weidner et al. 2004, 5). Man kann ein Verhalten eines KuJ also nachvollziehen und es trotzdem ablehnen. Dies kann helfen, trotz „problematischen Verhaltens" der KuJ, respektvoll und wertschätzend miteinander umzugehen. Die Botschaft muss in dem Fall sein: „Du bist nicht falsch! Die Art und Weise wie du dich gerade verhältst lehne ich jedoch ab!!"

2. *Menschliches Verhalten kann von außen nicht bestimmt werden*

Menschen treffen eigenständige Entscheidungen. Diese können nicht durch andere Menschen für sie getätigt werden (vgl. von Schlippe & Schweitzer 2007, 67 ff.).

Wenn man dies akzeptiert, dann kann man sich von dem Irrglauben verabschieden, dass man es erreichen kann und muss, dass KuJ immer genau das machen was man will.

„Ein Vorgehen, in dem PädagogInnen das Verhalten von KuJ vollständig zu kontrollieren vermögen, ist bei aller Professionalität (Gottseidank) nicht möglich" (Schwabe 2019, 23). Am Ende treffen die KuJ immer eine individuelle Entscheidung. Natürlich kann man versuchen, diese Entscheidungsfindung gezielt zu beeinflussen. Dies geht zum Beispiel durch Motivation, Belohnung und Abschreckung, aber man muss auch darauf vorbereitet sein, dass sich die KuJ trotz allem völlig abweichend von den eigenen Wünschen und Vorstellungen verhalten.

3. *„Problematisches Verhalten" ist eine soziale Konstruktion*

Ein Verhalten ist nur dann „problematisch", wenn es für Menschen Probleme entstehen lässt. Ob ein Verhalten als Problem wahrgenommen wird, hängt somit davon ab, wie Menschen dieses Verhalten bewerten (siehe Punkt 1).

Als PädagogIn sollte man sich darüber im Klaren sein, warum man ein Verhalten als problematisch empfindet. Lehnt man das Verhalten z.B. aus ethisch-moralischen Aspekten ab, oder befürchtet man persönliche Nachteile durch die Reaktion Dritter (z.B. Schuldzuweisungen durch Eltern verletzter Kinder, Beschwerden von KollegInnen über die Lautstärke in „meinem" Raum) oder macht man sich Sorgen um sich selbst ...?

Probleme sind somit Teil der Wirklichkeitskonstruktion von Menschen. Sie entstehen dadurch, dass Menschen einen Umstand oder ein Erlebnis als Problem definieren. Dies tun sie auf Grundlage ihrer individuellen Wahrnehmung und Wertung. Sicherlich gibt es Umstände bzw. Erlebnisse, die von ganz vielen Menschen gleichermaßen als Problem bezeichnet werden würden, allerdings sagt die Zuschreibung selber noch nichts darüber aus, warum ein Problem als Problem empfunden wird.

So finden manche PädagogInnen es problematisch, wenn Kinder Spaßkämpfe miteinander austragen. Dafür gibt es nachvollziehbare Erklärungen. Andere PädagogInnen empfinden Spaßkämpfe generell nicht als Problem. Auch dafür gibt es plausible Erklärungen.

Dieser Umstand ist deswegen von großer Bedeutung, da im Rahmen der Deeskalation nicht nur auf das problematische Verhalten von KuJ geschaut werden sollte. Ebenso bedeutsam ist die Frage, warum PädagogInnen etwas als Problem empfinden und was sich ändern müsste, damit ein und derselbe Umstand nicht mehr als Problem empfunden wird. So können Probleme also zum einen dadurch gelöst werden, dass z.B. problematisches Verhalten abgestellt wird oder dadurch, dass die Bewertung als „Problem" aufgehoben wird.

4. *Problematisches Verhalten ist die situativ bestmögliche Bewältigungsstrategie für ein akutes Problem*

Wenn Kinder Gewalt anwenden, dann meist um dadurch für sie wichtige Grundbedürfnisse zu befriedigen bzw. um zu kommunizieren (Gugel 2014, 11). Das gezeigte Verhalten ist somit nicht ein unabänderliches Persönlichkeitsmerkmal der KuJ, sondern eine Anpassung an einen situativen Kontext (vgl. Feilbach o.J., 2). Diese Haltung bzw. Sicht erleichtert es, mit KuJ weiterhin konstruktiv zu arbeiten, auch wenn ihr Verhalten abgelehnt wird. Wenn man davon ausgeht, dass sie letztendlich „nur" versucht haben, mit einem Problem klarzukommen (auch wenn dieser Lösungsversuch selber zum massiven Problem wurde), dann fällt dies leichter, als wenn man ihnen unterstellt, dass es ihr primäres Ziel war, durch ihr Verhalten anderen Menschen Schaden zuzufügen.

Hier arbeitet man mit der Technik der Umdeutung / des Refraimings (vgl. Harkcom 2017, 40 ff.). Wenn man die spezifische Bewältigungsstrategie und das dazugehörige Problem erkennt, dann hat man die Chance, an neuen, weniger problematischen Bewältigungsstrategien zu arbeiten, oder gar eine Problemlösung zu erreichen.

5. *Jegliches Verhalten ist Kommunikation*

Sind wir mit anderen Menschen zusammen, kommunizieren wir permanent (vgl. Watzlawick 2007, 53 ff.). In der Regel sind wir uns dessen jedoch nicht bewusst. Das bedeutet auch, dass wir permanent auf allen vier Seiten einer Botschaft kommunizieren (vgl. Schulz von Thun 1981, 14). *(siehe Abbildung 2, Seite 19)*

Dieser Aspekt ist vor allem für jene Menschen wichtig, die häufig mit Gruppen arbeiten. Die KuJ nehmen das Verhalten der PädagogInnen (auch unbewusstes Verhalten) bewusst und unterbewusst auf und interpretieren es. Umso wichtiger ist es für PädagogInnen, dass sie im Rahmen ihrer Tätigkeit immer wieder überprüfen, wie sie sich gerade verhalten und wie dieses Verhalten von den KuJ wahrgenommen und interpretiert wird bzw. werden kann. Das Verhalten von KuJ ist auch Resonanz auf das Verhalten ihrer Umgebung und somit auch auf das Verhalten (die non-verbale Kommunikation) der PädagogInnen.

Dieser Aspekt wird dann noch interessanter, wenn man mit KuJ arbeitet, die sich

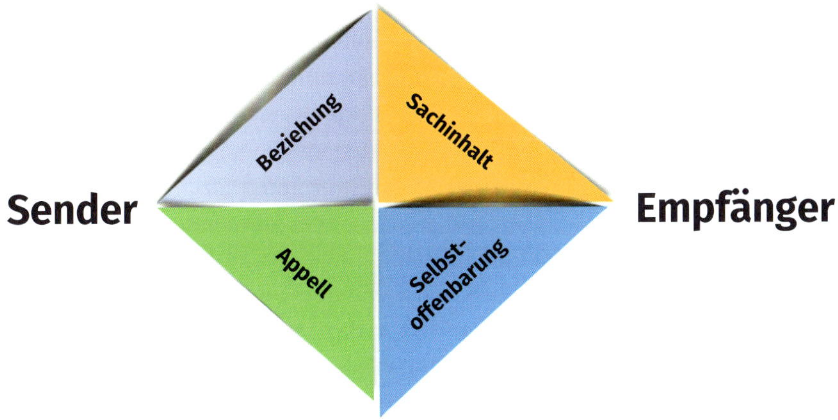

Abbildung 2

schnell persönlich „angesprochen“ (z.B. beschuldigt, aufgefordert, abgelehnt, ...) fühlen.
Wenn man dieser Grundannahme folgt, dann kann man „Aggression und Gewalt auch als Kommunikationsform verstehen, als soziales Handeln, in dem vielfältige Botschaften und somit auch Hilferufe versteckt sind. Eine Kommunikationsform, die sicherlich nicht sozial adäquat ist, aber die vielleicht im Moment die einzig mögliche darstellt“ (Gugel 2014, 37).

Kommunikation ist sehr anfällig für Missverständnisse. Das was jemand sendet, ist nicht das, was andere empfangen. Das was jemand meint, ist nicht das, was andere verstehen. Auf dem Weg zwischen denen, die etwas von sich geben und denen, bei denen etwas ankommt, können viele Informationen verlorengehen oder auch neue hinzukommen.

6. *Die KuJ sind nicht das Problem, sie können aber Probleme verursachen*
„*Problematische KuJ*“ sind KuJ, die durch ihre Verhaltensweisen (Bewältigungsstrategien) dem sozialen Umfeld Probleme bereiten und von ihrem Umfeld als „problematisch“ wahrgenommen werden. Spannend ist die Frage, warum manche Menschen in einem bestimmten Verhalten ein Problem sehen und andere Menschen nicht.

„Problematische KuJ" sind KuJ, die Schwierigkeiten haben, mit den Herausforderungen ihres Lebens sozial verträglich umzugehen und deren Handlungsstrategien nicht dem Erwartungsrahmen ihres sozialen Umfeldes entsprechen. Nicht selten erleben „solche" KuJ, dass ihre Verhaltensstrategien in bestimmten sozialen Kontexten (z.B. Schule) abgelehnt und gleichzeitig in anderen sozialen Kontexten (z.B. Freundeskreis oder Familie) verstärkt werden. Dies kann vor allem für jüngere Kinder zu Orientierungsproblemen führen.
Wenn KuJ als „Problem" beschrieben und behandelt werden, wird diese Zuschreibung bzw. diese Stigmatisierung irgendwann dazu führen, dass diese KuJ sich auf der Beziehungsebene gänzlich abgelehnt fühlen. Solche KuJ verlieren dadurch eine wichtige Motivationsquelle, um sich sozial angepasst und friedlich zu verhalten. Deswegen ist es umso bedeutsamer, sehr bewusst zwischen der Kritik an einem bestimmten Verhalten und der generellen Kritik an einer Person zu unterscheiden. Dies gilt insbesondere bei Kindern, die in der Regel noch keine gefestigte Identitäten ausgebildet haben und evtl. noch nicht oder nicht ausreichend zwischen Verhaltenskritik und Personenkritik unterscheiden können. Aber auch alle anderen Menschen nehmen Zuschreibungen von Außen in ihr Selbstbild auf.

7. *Erziehung von Kindern und Jugendlichen kann nicht gewalt- und aggressionsfrei ablaufen*

Ausgehend von den noch folgenden Gewalt- und Aggressionsdefinitionen erscheint es kaum möglich oder gar unmöglich, Erziehungsprozesse zu 100% gewaltfrei zu gestalten (vgl. Schwabe 2019, 32). Gewalt und Aggression gehören zum Menschen und seinen sozialen Verhaltenstechniken hinzu. Gugel bezeichnet Gewalt als eine „Grundkonstante menschlichen Lebens" (2014, 10), die vor allem dann auftritt, wenn Menschen sich in Not sehen und ihnen keine alternativen und vergleichbar effektiven Handlungsoptionen zur Verfügung stehen.
Daraus folgt, dass man im Rahmen der Gewaltprävention sowohl das Thema der Deeskalation (Schwerpunkt dieses Werkes), die Gewaltvermeidung sowie den professionellen Umgang mit Gewalt- und Aggressionsverhalten von KuJ als auch von (professionellen) Erwachsenen in den Blick nehmen muss.

8. *Mein Verhalten ist Teil eines sich gegenseitig beeinflussenden Interaktionskomplexes*

Menschen, die in einer (engen) sozialen Gemeinschaft leben, beeinflussen sich in ihrer Wahrnehmung, in ihrem Denken und Verhalten gegenseitig, häufig sogar unbewusst. So hat das Verhalten von interagierenden Personen einen direkten Einfluss auf den Interaktionsprozess. Dies geschieht in der Regel situativ unbewusst. Umso wichtiger ist es, sich diesen Umstand immer wieder bewusst zu machen. Dies gilt insbesondere für die Deeskalation.

2.1 Grundprinzipien im Umgang mit herausforderndem Verhalten von KuJ

■ *Wer sich sicher fühlt, kann auch Sicherheit geben*

Wer sich persönlich sicher und gefestigt fühlt, kann anderen Menschen auch eher Sicherheit geben. Sicherheit umfasst hier sowohl physische, psychische, soziale und strukturelle Faktoren. Damit sich PädagogInnen in ihrer Rolle sicher fühlen können, müssen vielfältige Faktoren erfüllt sein. Welche dies im Einzelfall genau sind, das hängt von den einzelnen Personen ab. Grundsätzlich sollte die Frage „Was brauche ich, um mich hier sicher zu fühlen?" in allen Teams und an allen pädagogischen Arbeitsplätzen regelmäßig reflektiert werden. Die Notwendigkeit dazu steigt, wenn es einzelnen Personen oder ganzen Teams an Sicherheit mangelt.

■ *Wer Klarheit hat, kann auch Klarheit und Orientierung schaffen*

Unklarheiten führen zu Desorientierung. Wenn PädagogInnen und KuJ in entscheidenden Fragen Unklarheit und Desorientierung erleben, dann kann dies aggressive Eskalationen fördern. Gut informierte und orientierte PädagogInnen und KuJ wissen um den Spielraum, um Regeln, um Möglichkeiten und erleben somit weniger Unklarheiten und mehr Sicherheit.

Beispielsweise braucht es allgemeine Klarheit darüber, welche Regeln und Grenzen z.B. im Kontext einer Klasse oder Wohngruppe gelten. Fehlende Klarheit führt zu Missverständnissen und unterschiedlichen Auslegungen und damit auch häufiger zu Konflikten und Eskalationen.

Neben struktureller Klarheit und Orientierung benötigen PädagogInnen (sowohl einzeln als auch im Team) eine klare Haltung, damit sie für ihre Mitmenschen und vor allem für die KuJ einschätzbar und verlässlich sind. Diese Innere Klarheit entsteht vor allem über regelmäßige Reflexion und Supervision.

■ *Wer ruhig ist, kann beruhigen*

Menschen sind empathische Wesen. Sie empfangen und übertragen Emotionen von und an andere Menschen. Daraus folgt, dass PädagogInnen aufgeregte, aufgebrachte oder verängstigte KuJ nur dann beruhigen können, wenn sie selber ausreichend ruhig und klar sind. Entsprechend müssen PädagogInnen über die Fähigkeiten verfügen, ihren eigenen Anspannungs- und Ruhezustand wahrzunehmen und ihn gezielt zu regulieren.

■ *Wer vorbereitet ist, ist schneller und länger handlungsfähig*
Wer überrascht wird, hat wenig Zeit und kognitive Kapazität, um sich einen Plan zu machen. Wenn man auf viele mögliche Erlebnisse und Szenarien vorbereitet ist, kann man im Bedarfsfall schnell auf bestehende Ideen und Pläne zurückgreifen. Wenn das Muster dann nicht genau passt, dann müssen evtl. nur noch ein paar Anpassungen vorgenommen werden ... aber es muss keine komplett neue Strategie entwickelt werden. Das verschafft zum einen Zeit und zum anderen kann das Wissen um diese Pläne zu einem höheren Maß an Grundsicherheit führen.

■ *Wer vernetzt arbeitet (wer bereit ist, sich Hilfe zu holen), bleibt länger handlungsfähig*
Menschen sind soziale Wesen und sie sind auf Interaktion angewiesen. Wir leben in einer sehr komplexen und z.T. unübersichtlichen Welt, in der sich ein Individuum nicht ohne die Hilfe anderer Menschen zurechtfinden kann. Experten brauchen die Hilfe von Experten!
Wenn man dies akzeptiert und sich entsprechend vernetzt, findet man im Bedarfsfall schneller und effektiver Hilfe und Unterstützung.

3. Begriffsdefinitionen

Nicht selten werden in „normalen“ Gesprächen oder fachlichen Diskursen bedeutsame Begriffe wie „Gewalt“, „Aggression“ und „Aggressivität“ benutzt, ohne dass vorher zwischen den Gesprächspartnern abgeglichen wird, was mit diesen Begriffen eigentlich gemeint ist. Dabei verdient „nicht jedes Verhalten, das umgangssprachlich als Aggression und Gewalt bezeichnet wird, diese Bezeichnung auch im wissenschaftlichen Sinne“ (Gugel 2014, 14). Doch auch im Kontext der Wissenschaften gibt es sehr unterschiedliche Definitionen und Ansichten bezüglich „Gewalt“ und „Aggression“ (vgl. Gugel 2014, 55). Diese Tatsache lässt vermuten, dass es durch das Ausbleiben eines Definitionsabgleiches in Gesprächen zu ungewollten und auch oft unentdeckten Missverständnissen kommt. Dieses Risiko wird zusätzlich dadurch vergrößert, dass im gängigen Sprachgebrauch die Begriffe Gewalt und Aggression tendenziell einer negativen Wertung unterliegen. Im Folgenden werden einige gängige Definitionen vorgestellt, um die Vielfalt der Definitionslandschaft zu demonstrieren.

Herausforderndes Verhalten

Herausforderndes Verhalten sind Verhaltensweisen, die stark von gewünschten oder akzeptierten Verhaltensweisen abweichen und Probleme oder Belastungen bei anderen Menschen verursachen. Grundsätzlich beinhaltet herausforderndes Verhalten keine Schädigungsabsicht und kann auch unbewusst und ohne klare Absicht erfolgen.

Antisoziales Verhalten

Antisoziales Verhalten ist eine spezielle Form herausfordernden Verhaltens „und zeichnet sich durch die Verletzung von u.a. Regeln und Normen aus. Es kann offen, wie beispielsweise bei Aggression, oder verdeckt, wie bei Lügen oder Stehlen, geschehen“ (Kasten 2014, 276). Ziel des antisozialen Verhaltens ist es i. d. R. anderen Menschen zu schaden bzw. eigene Wünsche egoistisch durchzusetzen.
Zum Antisozialen Verhalten gehören nach Kasten (2014, 276 f.) aggressives Verhalten, ausgeprägtes oppositionelles Verhalten, Delinquenz und kriminelles Verhalten.

Gewalt

Bundesgerichtshof (BGH 1995):
„Körperlich wirkender Zwang durch die Entfaltung von Kraft oder durch sonstige physi-

sche Einwirkung, die nach ihrer Intensität dazu geeignet ist, die freie Willensentschließung oder Willensbetätigung eines anderen zu beeinträchtigen.“

Galtung (1975, 9):
„Gewalt liegt dann vor, wenn Menschen so beeinflusst werden, dass ihre aktuelle somatische und geistige Verwirklichung geringer ist als ihre potenzielle Verwirklichung ... Gewalt ist das, was den Abstand zwischen dem Potenziellen und dem Aktuellen vergrößert oder die Verringerung dieses Abstandes erschwert.“

Bundeszentrale für politische Bildung (2020):
„Gewalt bedeutet den Einsatz physischer oder psychischer Mittel, um einer anderen Person gegen ihren Willen a) Schaden zuzufügen, b) sie dem eigenen Willen zu unterwerfen (sie zu beherrschen) oder c) der solchermaßen ausgeübten G. durch Gegen-G. zu begegnen.“

Nolting (2007, 15):
„Gewalt ist eine schwerwiegende Form aggressiven Verhaltens.“

Korn & Mücke (2006, 15):
„Gewalt ist das, was eine Person als Gewalt empfindet!“

Ruthemann (1993, S.14):
„Es wird immer dann von Gewalt gesprochen, wenn eine Person zum Opfer wird, das heißt vorübergehend oder dauerhaft daran gehindert wird, ihrem Wunsch oder ihren Bedürfnissen entsprechend zu leben. Gewalt heißt also, dass ein ausgesprochenes oder (bei mangelnder Kommunikationsfähigkeit) unausgesprochenes Bedürfnis des Opfers missachtet wird.“

WHO (2002, 6):
Gewalt ist *„der absichtliche Gebrauch von angedrohtem oder tatsächlichem körperlichen Zwang oder physischer Macht gegen die eigene oder eine andere Person, gegen eine Gruppe oder Gemeinschaft, die entweder konkret oder mit hoher Wahrscheinlichkeit zu Verletzungen, Tod, psychischen Schäden, Fehlentwicklungen oder Deprivation führt“.*

■ Aggression

Stangl (o.J.):
„Aggression bezeichnet in der Psychologie jedes körperliche oder verbale Verhalten, das mit der Absicht (Intention) ausgeführt wird und in vielen Fällen in der Absicht geschieht, jemanden zu verletzen oder zu schädigen.“

Duden (A. 2017):
„(...) durch Affekte ausgelöstes, auf Angriff ausgerichtetes Verhalten des Menschen, das auf einen Machtzuwachs des Angreifers bzw. eine Machtverminderung des Angegriffenen zielt (Psychologie) feindselige, ablehnende Einstellung, Haltung."

Korn; Mücke (2006, 16 f.):
„Aggression ist ein Gefühl, eine Energie, ein Impuls.
Es gibt diverse Möglichkeiten, diesem Gefühl Ausdruck zu verleihen. Aggressives Verhalten (z. B. Gewalt) ist eine Möglichkeit."

Die subjektive Wahrnehmung von Gewalt und Aggression kann von strukturellen Definitionen und Regelungen abweichen und zwischen einzelnen Individuen oder Gesellschaftsgruppen sehr unterschiedlich ausfallen.

Aggressivität

Nolting (2007, 15):
„Aggressivität ist die individuelle Ausprägung der Häufigkeit und Intensität aggressiven Verhaltens."

Duden (C. o.J.)
Aggressivität ist *„mehr oder weniger unbewusste, sich nicht immer offen zeigende aggressive Haltung eines Menschen"*.

In der alltäglichen Verwendung der Begriffe sollte man neben der oft unklaren Definitionsfrage auch bedenken, dass Gewalt und Aggression als Begriffe in der Regel negativ und „schuld"-besetzt sind. Dadurch kann es im Alltagsgebrauch zu ungewollten Empfindungen von Beschuldigung und Abwertung kommen. Dies kann z.B. passieren, wenn in einem Elterngespräch über das „aggressive" Verhalten eines Kindes gesprochen werden soll. Wenn die PädagogInnen diesen Begriff ausschließlich zur sachlichen Beschreibung des Verhalten des Kindes nutzen, die Eltern den Begriff aber als schuldhaft wertend empfinden, dann kann dies zu einem ungewollten und blockierenden Missverständnis führen. Wenn man also über Gewalt und Aggression sprechen muss bzw. will, dann sollte vorher geklärt werden, was genau mit diesem Begriff gemeint ist.

Am einfachsten und klarsten ist es, nicht mit den Oberbegriffen „Gewalt, Aggression und Aggressivität" zu arbeiten, sondern über konkret beobachtbares Verhalten und die damit verbundenen Gefühle und Bedürfnisse zu sprechen!

4. Differenzierte Wahrnehmung von „Gewalt“ und „Aggression“

Selbst wenn man sich auf eine Definition zum Begriff der Gewalt und Aggression geeinigt hat, kann man mit diesen Begriffen im Alltag dennoch nur eingeschränkt arbeiten, da sie zu undifferenziert sind.
In der Aggressionspsychologie wird zwischen verschiedenen Typen von aggressivem Handeln bzw. Aggression unterschieden. Abbildung 3 stellt eine mögliche Differenzierung dar. Die hier berücksichtigte Form der Einteilung ist immer noch sehr theoretisch, denn in der Praxis treten in der Regel Mischformen von aggressivem Verhalten und Aggressionen auf.
Eine differenzierte Betrachtung macht unter anderem deswegen Sinn, weil dadurch ein gezielter Umgang mit den verschiedenen Aggressionsformen möglich wird und so eher eine passende Reaktionsstrategie oder ggf. auch Deeskalationsstrategie im Umgang mit einer konkreten Aggression gefunden werden kann.
Aggressivität ist dynamisch: Das bedeutet, dass die „Leitmotive“ für das aggressive Handeln sich im Verlauf einer Interaktion verändern können. Eine hundertprozentig zutreffende Ursachen-Hypothese ist nie möglich, da sich Außenstehenden die Gefühls- und Gedankenwelt der aggressiv handelnden Person nie komplett offenbaren wird.

Aggressiver Affektausdruck Vorform aggressiven Verhaltens	**Reaktives/Affektives Aggressionsverhalten** z. B. Angst, Abwehr, Verwirrung, Schreck …
Kollektive Aggression oftmals eine symmetrische Eskalation	**Aktives Aggressionsverhalten** z. B. Erlangung, Macht, Lust …

Abbildung 3

Eine mögliche Form der differenzierten Wahrnehmung orientiert sich an der Motivlage der Handelnden.

Der *Aggressive Affektausdruck* ist eine sehr alltägliche Verhaltensweise. Sie ist gekennzeichnet durch ein spontanes und sehr emotionales Verhalten von Menschen. Ein Beispiel ist das Schreien und Herumschießen von Gegenständen, wenn eine getätigte Handlung nicht wie erwünscht glückt und das Misslingen, warum auch immer, intensive Emotionen hervorruft. Wenn Sie schon einmal selber tapeziert haben, ohne über das entsprechende Talent zu verfügen, dann wissen Sie evtl. aus eigener Erfahrung, was hiermit gemeint ist. Grundsätzlich geschieht dieses Verhalten ohne die Absicht, einem anderen Menschen direkt oder indirekt Schaden zuzufügen. Allerdings kann es gut sein, dass andere Menschen das Verhalten sehr wohl als persönlichen Angriff oder als Verletzung wahrnehmen.

Reaktives bzw. affektives Aggressionsverhalten zeichnet sich dadurch aus, dass es durch einen unmittelbaren externen Reiz ausgelöst wird. Wenn ein Mensch z.B. akut Angst oder Bedrohung erlebt, dann kann es passieren, dass dieser Mensch mit Aggression reagiert, um sich zu schützen. Die Aggression dient in diesem Fall also primär dazu, einen unerwünscht-unangenehmen Reiz (z.B. einen Angriff) von sich oder einem anderen abzuwehren. Es geht auch in dem Fall nicht primär darum, einem anderen Menschen Schaden zuzufügen, sondern der Selbstschutz ist die leitende Motivation.

Anders verhält es sich beim *aktiven oder instrumentellen Aggressionsverhalten*. In diesem Fall wird Aggression kalkuliert als Strategie eingesetzt, um z.B. etwas zu erlangen. Wichtig ist, dass der Einsatz von Gewalt in dem Fall kalkuliert und nicht affektiv passiert.
Eine spezielle Form der Erlangungs-Aggression ist die sogenannte „Lust-Aggression“. Ihr Sinn und Zweck liegt in der Lust an der Aggression selbst. Es geht den Handelnden vor allem um das Erleben von Macht, Stärke und/oder die emotionale Selbststimulation.

Eine andere grobe, aber sehr hilfreiche, Unterteilung verschiedener Aggressionsformen kann auch anhand der emotionalen Erregungen der handelnden Personen vorgenommen werden. *(siehe Abbildung 4, Seite 29)*

In der Regel ist die Emotionalität und damit auch die emotionale Anspannung bei pro-aktiver /instrumenteller Aggression (grüner Bereich) geringer, als bei reakti-

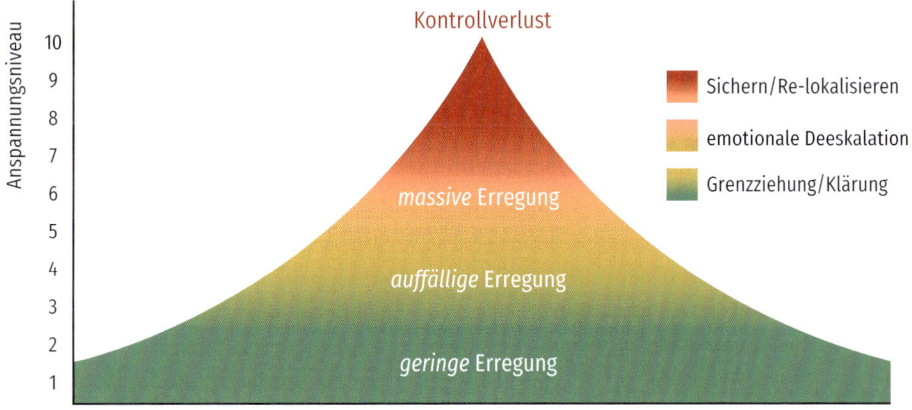

Abbildung 4 (vgl. Dutschmann 2003, Nr. 3, 15)

ver Aggression (orangener und roter Bereich). Die Aggressivität wird in diesen Fällen eher bewusst und gezielt als Mittel oder Werkzeug eingesetzt, um eigene Interessen durchzusetzen. Damit ist gemeint, dass die Handelnden ihre Handlung bewusst ausführen. Ob sie sich gleichzeitig der mit ihrem Handeln verbundenen Konsequenzen wirklich bewusst sind, ist eine andere Frage. Zumindest arbeitet ihr „Denk-Gehirn" noch „normal" (dazu später mehr).
Menschen, die sich im orangenen und roten Bereich befinden, werden sich situativ eher „reaktiv-aggressiv" verhalten (vgl. Dutschmann 2003, Nr. 44, 14). Diese Menschen stehen unter großer bis sehr großer Anspannung. Diese Anspannung entsteht in der Regel als Reaktion auf einen oder mehrere Anspannung auslösende(n) Reiz(e). Je intensiver dabei die emotionale Anspannung, umso mehr wird das Handeln emotional-intuitiv gelenkt. Bewusstes und planmäßiges Verhalten wird weniger.

Die Strategien, mit denen sich PädagogInnen KuJ deeskalativ nähern und in Interaktion treten, wenn diese sich aggressiv verhalten, sollten maßgeblich von dem situativen Anspannungs-Erregungszustand der KuJ abhängig gemacht werden. Dies liegt vor allem daran, dass die KuJ in den unterschiedlichen Anspannungsphasen sehr unterschiedliche Wahrnehmungen und unterschiedliche Handlungskompetenzen zu Verfügung haben. Dazu jedoch später mehr.

Ganz grob kann man den Phasen in Abbildung 4 und den mit ihnen verknüpften aggressiven Verhaltensweisen folgende Reaktionsmuster zuordnen:

- *Anspannungsstufe 1–4:*
  Sachliches und klares Begrenzen und Erfolgserlebnisse entziehen sowie Motivation und Lernkontexte für erwünschtes oder alternatives Verhalten schaffen
- *Anspannungsstufe 5–7:*
  Emotionale Beruhigung / Verringern der emotionalen Erregung
- *Anspannungsstufe 8–10:*
  Versuch der emotionalen Beruhigung mit besonderem Blick auf (Eigen-)Sicherung und Schutz vor Verletzungen, Schädigungen

Das Modell der Erregungskurve scheint dem Autor in der Entscheidungsfindung zur passenden Reaktion auf grenzverletzendes / aggressives Verhalten hilfreicher zu sein, als andere Modelle, da es in der Regel einfacher ist, den aktuellen Erregungszustand einer Person zu erkennen, als die jeweilige individuelle Verhaltensmotivation.
Wie die meisten graphischen Modelle, stellt dieses Modell eine Vereinfachung dar. Zwischen den einzelnen Phasen gibt es fließende Übergänge. Außerdem kann es innerhalb eines Verhaltenstyps verschiedene Ausprägungen geben, auf die man sich in der Praxis einstellen muss (vgl. Dutschmann 2003, Nr. 44, 13). Je größer hier das persönliche Handlungsrepertoire ist, desto eher wird es PädagogInnen gelingen, auf Störungen ausgleichend zu reagieren und somit die Steuerung und Souveränität als Autorität zu behalten (vgl. Verra 2015, 97).

Nur eine differenzierte Wahrnehmung ermöglicht es den PädagogInnen in der Deeskalation, angemessen und somit auch professionell zu handeln.

5. Ursachen und Gründe für ...

5.1 ... akutes („problematisches") Verhalten

Die Frage, warum sich ein Mensch so verhält, wie er/sie es tut, ist an dieser Stelle zu komplex, um sie hier zu beantworten.
Einen vereinfachten Zugang bietet das sogenannte Eisberg-Modell:
In der hier dargestellten Form gibt es Faktoren, die unterschiedlich „tief" unter der Oberfläche liegen. Wenn man der Metapher „Eisberg" folgt, dann kann man akut nur das Verhalten (also die Spitze des Eisberges) sehen. Ein Blick unter die Wasseroberfläche offenbart die akuten Emotionen und Bedürfnisse, die dem Verhalten gerade zu Grunde liegen. Nach Dutschmann (2003, Nr. 44, 36 ff.) sind folgende Faktoren häufige Gründe für ein störendes und herausforderndes Verhalten:

- „Bedürfnis nach Unterbrechung von Langeweile und Inaktivität
- Lust an der Erzeugung von Effekten
- Bedürfnis nach Anerkennung und sozialer Beachtung
- Befriedigung von Machtbedürfnissen."

Konflikte entstehen nicht durch die Bedürfnisse selber, sondern durch sozial-inkompatible Strategien der Bedürfniserfüllung.

„Je tiefer man blickt", desto mehr erfährt man darüber, was zur Entstehung von individuellen Verhaltensmustern führt. In der akuten Deeskalation wird man ausschließlich Rücksicht auf die oberste Ebene (Emotionen ...) nehmen können.
(siehe Abbildung 5, Seite 32)

Die Faktoren *Individuelle Kompetenz und Wahrnehmung* lassen sich ggf. noch spontan erahnen und sind durch pädagogische Arbeit evtl. mittelfristig gestaltbar.
Die Aspekte in den tieferliegenden Regionen lassen sich durch pädagogische Aktivitäten nur sehr eingeschränkt bis gar nicht direkt beeinflussen. Diese können jedoch dann wichtig werden, wenn man Deeskalation aus struktureller Sicht anschaut (Was braucht ein Mensch, der solche Prägungen hat ... um in bestimmten Kontexten weniger häufig und heftig aggressiv zu handeln?).

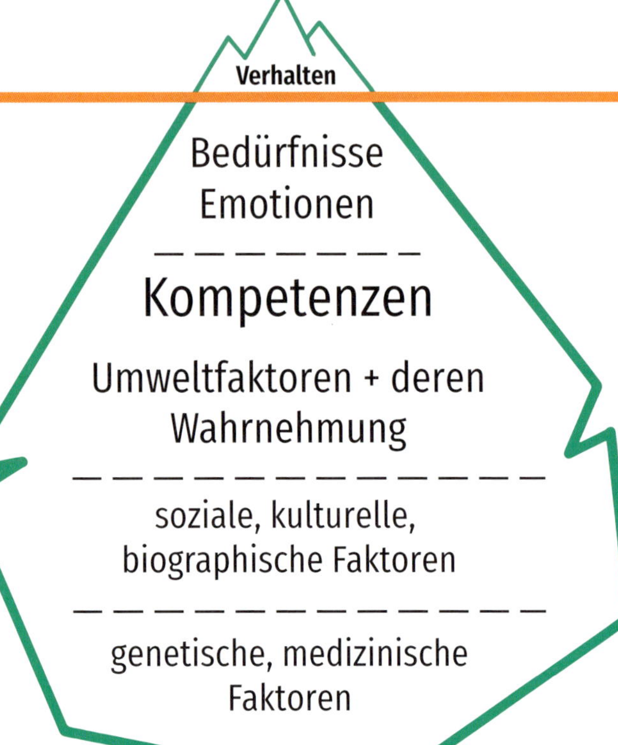

Abbildung 5: Eisbergmodell

Wenn man die tieferliegenden Bereiche eines Eisberges erforschen will, dann braucht man dazu spezielle Techniken, professionelles Wissen und Zeit. Auch muss man sich bei der Erforschung von Eisbergen persönlich absichern, damit man keinen Schaden nimmt. So ist es auch mit dem Erforschen der Hintergründe von aggressivem Verhalten.

Eine soziale Interaktion ist immer ein zirkulärer Prozess. Ein Verhalten ergibt sich aus der Wahrnehmung und Interpretation von Umwelteinflüssen (u. A. dem Verhalten anderer Menschen). Das Verhalten selber ist dabei auch ein Umweltreiz für die InteraktionspartnerInnen. *(siehe Abbildung 6, Seite 33)*

Abbildung 6

Ein Mensch verteidigt sich nur dann, wenn er sich bedroht oder angegriffen fühlt!!!

Hier ist wichtig sich zu erinnern, dass die Wahrnehmung bei Menschen sehr unterschiedlich ist. Nur ein minimaler Bruchteil der Umweltreize erreicht unser Bewusstsein. Das bedeutet, dass die überwältigende Mehrheit aller Reize gar nicht bewusst wahrgenommen wird und somit auch wenig Einfluss auf kognitive Entscheidungen hat (vgl. Verra 2015, 53). Dazu kommt, dass Umweltreize mit sogenannten somatischen Markern versehen werden (vgl. Verra 2015, 71). Damit ist gemeint, dass Umweltreize mit entsprechenden körperlichen Reaktionen verknüpft werden. Je bedeutsamer ein Reiz ist (z. B. ernste Gefahr), desto stärker ist der Marker. Der Vorteil dieses Mechanismus ist, dass bei einem erneuten Auftreten eines entsprechenden Reizes unser Körper direkt handlungsbereit ist, da das entsprechende Verhaltensprogramm über den somatischen Marker ausgewählt wird. „Ab diesem Zeitpunkt nimmt unser Gehirn bevorzugt jene Reize auf, die der (Verhaltens-)Entscheidung entsprechen" (Verra 2015, 81).

Ein ganz klarer Nachteil ist jedoch, dass die somatischen Marker auch durch verwandte Reize ausgelöst werden können. Es kann also vorkommen, dass in einer konfrontativen Interaktion zwischen PädagogInnen und KuJ bei dem KuJ ein somatischer Marker aktiviert wird, der mit Bedrohung verknüpft ist, obwohl objektiv keine tatsächliche Bedrohung vorliegt. Dies kann vor allem in der Arbeit mit traumatisierten KuJ eine besondere Herausforderung sein, da diese Personengruppe laut Bessel van der Kolk (2014, 27) aufgrund ihrer traumatischen Vorerfahrungen dazu neigt, in unbedeutenden Reizen tendenziell eine Gefahr wahrzunehmen. Laut Dutschmann (2001 Nr. 46, 43) neigen „aggressive" KuJ dazu, neutrale Reize als aggressiv und feindselig zu bewerten. Ab diesem Zeitpunkt verhält sich das Kind oder der Jugendliche dann entsprechend und kommt in dieser Situation auch nur schwer davon weg, da die bewusste und unbewusste Wahrnehmung nach Bestätigungsreizen für die Entscheidung sucht (vgl. Krüger 2013, 52 ff.; Dutschmann 2001, Nr. 46, 31). Wer sich ständig bedroht oder angegriffen fühlt, sieht auch in Vielem oder Allem eine Bedrohung bzw. einen Angriff. Je stärker in solchen subjektiven Herausforderungssituationen die Amygdala „ausschlägt", desto eher landet man im sogenannten „Notfallprogramm" (dazu später mehr).

Die Frage, die sich aufdrängt ist, ob die „Aggressionen" dieser KuJ nicht selbst Folge der subjektiven Wahrnehmung bedrohlicher Umweltreize sind, auch wenn diese bedrohlichen Reize für Außenstehende nicht wahrnehmbar sind. Hier ist es sicherlich hilfreich, zwischen den schon beschriebenen Aggressionsformen zu unterscheiden.

Wie ein KuJ in einer Interaktion das Verhalten der anderen Individuen wertet, hängt neben den individuellen Erfahrungen in der Vergangenheit auch von seiner aktuellen emotionalen Verfassung ab. So ist zum Beispiel zu beobachten, „dass Häufigkeit und Intensität von herausforderndem Verhalten mit steigendem physiologischen Erregungsniveau (Arousal-Level) zunimmt", (und) „dass sich Men-

schen selten bis nie herausfordernd verhalten, wenn es ihnen gut geht und sie entspannt sind" (Feilbach o.J., 4). Da posttraumatisch belastete Menschen i. d. R. dauerhaft angespannt sind und durch ihre subjektive Umweltwahrnehmung überdurchschnittlich häufig anspannungsauslösende Reize wahrnehmen, sind sie, je nach Kompensationsstrategie, auch aus dieser Richtung besonders gefährdet, „aggressives" Verhalten zu zeigen.
Wie das individuelle „Notfallprogramm" im Speziellen aussieht, hängt von der jeweiligen Situation und dem Individuum ab. Michaela Huber (2003, 38 ff.) beschreibt 4 Verhaltensoptionen, aus denen ein Mensch im Angesicht massiver Bedrohung auswählen kann:

1. Anspringen des Bindungssystems / Suche nach Hilfe
2. Flucht
3. Kampf
4. Erstarren / Unterwerfung

Die Verhaltensstrategie „Erstarren" wird vor allem in „no-flight-no-fight-situations", also in Situationen, in denen weder Flucht noch Kampf sinnvoll erscheinen, aktiviert. Natürlich hat ein Mensch immer mehr Optionen zur Verfügung und in vielen Fällen wird das tatsächliche Verhalten eine Mischung verschiedener Verhaltenskategorien sein, aber je intensiver das subjektive Bedrohungserlebnis ist, desto archaischer und eindimensionaler wird das Reaktionsverhalten. Im Extremfall stehen nur noch die oben dargestellten Grundformen zur Verfügung (vgl. Lochmüller o. J., 1 f.).
Nicht selten geschieht es, dass KuJ sich subjektiv in einer Bedrohungssituation befinden (da entsprechende Marker aktiviert wurden) und sich entsprechend verhalten, ohne dass dies den verantwortlichen PädagogInnen oder anderen beteiligten Personen bewusst ist. Ohne diese wichtige Information besteht jedoch die „Gefahr", dass die PädagogInnen das Verhalten der KuJ anders werten, es z. B. als Provokation, Verweigerung, Angriff wahrnehmen, und sich entsprechend z. B. selbstschützend oder begrenzend verhalten.
Ein solcher Kreislauf der Missverständnisse lässt sich meist nur durch die PädagogInnen unterbrechen. Sie besitzen in der Regel das entsprechende Wissen und die sozialen und kommunikativen Fähigkeiten dazu. Sie agieren in einer professionellen Rolle und sollten entsprechend in der Lage sein, soziale Dynamiken (z. B. interpersonelle Eskalationen) mit mehr persönlich-professionellem Abstand zu begegnen als es KuJ tun.

Ein verletzendes Wort aus dem Mund einer hochangespannten Person kann man als Beleidigung, als Selbstoffenbarung oder Selbstschutz des Senders verstehen. Die Wahl steht frei ... und wird Auswirkungen auf das eigene Verhalten und somit auch auf die gesamte Situation haben.

5.2 ... die Entstehung von „Aggression“ und „Gewalt“

Gewalt und Aggression sind außerordentlich komplexe Phänomene, die „in der Wechselwirkung zahlreicher biologischer, sozialer, kultureller, wirtschaftlicher und politischer Faktoren wurzeln“ (Gugel 2014, 62). Bauer (2008, 32) bezeichnet Aggression dabei als einen neurobiologischen und physischen Zustand, der bei Wahrnehmung von Bedrohung ausgelöst wird. Wenn dann „biologische Signale, welche eine Bedrohung des Organismus anzeigen“ auftreten, wird ein entsprechendes Verhaltensprogramm aktiviert, das den Körper vor Gefahren schützen soll. Laut Nolting (2007, 39) versucht heute „keine seriöse Aggressionsforschung (...) noch, mit einem der drei Kernbegriffe ‚Trieb‘, ‚Frustration‘ und ‚Lernen‘ auszukommen“, um die Entstehung von Aggression als menschlichem Verhaltensmuster zu erklären. Dabei muss noch erwähnt werden, dass die Triebtheorie „ausgedient hat (...) und in der heutigen Psychologie praktisch keine Rolle mehr“ spielt (Nolting 2007, 40; Bauer 2008, 31 f.). „Aber auch die sozial-kognitive Lernpsychologie (vor allem Bandura 1979, 1986) besitzt nur dann umfassende Erklärungskraft, wenn sie Aspekte mit einbezieht, die nicht oder nicht direkt unter den Begriff des Lernens fallen“ (Nolting 2007, 40). Zu diesen Aspekten gehören unter anderem:

- angeborene Grundlagen
- organische / hormonelle Bedingung
- psychopathologische Ursachen
- Verhalten als Teil des Interaktionssystems (z. B. Peergroup / Familie)
- negativ wahrgenommene Umweltreize (aversive Reize) und die entsprechenden Verhaltensstrategien
- persönliche und sozioökonomische Lebenslage.

(vgl. auch Kasten 2014, 276)

„Die Wahrscheinlichkeit, dass ein Individuum mit Erregung (Wechseln von Phase ‚grün‘ in ‚orange‘ oder gar ‚rot‘) reagiert, steigt, wenn bei ihm ein psychisches oder physisches Ungleichgewicht besteht. Die vorhandenen Bedingungen stehen dann im Missverhältnis zu den Bedürfnissen, Möglichkeiten und Fähigkeiten des Individuums" (Dutschmann 2001, Nr. 46, 26). Faktoren, die häufig zur Entstehung individueller Anspannung führen können sind:

- Das Nichterfüllen wichtiger psychischer Grundbedürfnisse, wie z. B. Geborgenheit, Sicherheit, Orientierung, Anerkennung, Führung, Gerechtigkeit (vgl. Grawe 2004, 185)
- Körperliche Einschränkungen/Beschwerden (Schmerzen, Kälte, Hitze, Hunger, Durst, Müdigkeit)
- Provokantes / stark grenzverletzendes Verhalten Dritter
- Überforderung
- Autonomieverlust / Einschränkung der Bewegungsfreiheit
- Emotionaler Stress

(vgl. Dutschmann 2001, Nr. 46, 26 f.).

Wenn KuJ sich in einem höheren Erregungszustand (Phase „orange") befinden, steigt die Gefahr, dass die KuJ durch das Auftreten einzelner aversiver Reize (z. B. Beleidigungen, Begrenzung, ...) mit Aggressionen reagieren. Damit sie wirksam werden, müssen solche aversiven Reize eine individuelle Schmerzgrenze überschreiten (Gugel 2014, 66). Dabei ist es wichtig zu wissen, dass das menschliche Gehirn Reize wie soziale Zurückweisung, Ausgrenzung und Verachtung mit körperlichen Schmerzen quasi gleichsetzt (ebd.; Bauer 2008, 33). Diese „nicht körperlichen" Reize können also genauso wehtun und bedrohlich wirken, wie physische Schmerzen.

In Erinnerung an das Eisbergmodell erkennen wir, dass das Entstehen von Aggression als Handlungsmuster immer einen individuellen und komplexen Hintergrund hat, der nur schwer aufzuschlüsseln ist und dessen einzelne Faktoren pädagogisch sehr unterschiedlich beeinflussbar sind. In jedem Fall reicht das Auftreten der Reize alleine nicht aus, um Erregung oder gar Aggression entstehen zu lassen. Maßgeblich ist nun die individuelle Bewertung der Situation durch die wahrnehmende Person und ihre vorhandenen und abrufbaren Kompetenzen, um auf die Situation zu reagieren. So zeigen laut Kasten (2014, 276) KuJ mit der Kompetenz ausgeprägter Durchsetzungsfähigkeit häufiger pro-soziales Verhalten als KuJ, die in diesem Punkt eine geringe Kompetenz aufweisen.

Wie wichtig auch die intellektuelle Kompetenz (z. B. Analyse- und Mitteilungsfähigkeit) ist, wird deutlich, wenn man sieht, dass „rote" Aggressionen häufig von intellektuell gehandikapten Menschen ausgeübt werden (vgl. Rice et al. 1989, zitiert in Dutschmann 2001, Nr. 46, 27). Hypothetisch finden sich diese Menschen aufgrund ihrer Einschränkung eher in subjektiv bedrohlichen und von Ohnmacht

geprägten Situationen wieder und ihnen stehen weniger kommunikative und kognitive Ressourcen zur Verfügung, um „aggressionsfrei" mit Herausforderungen umzugehen.
In diesem Zusammenhang muss man bedenken, dass schon in der „orangenen" Phase auch sonst unproblematische oder gar geschätzte Interaktionsformen, z. B. Berührungen, nett gemeinte Tipps, Humor, persönliche Fragen, ... problematisch und damit als Auslöser für aggressives Verhalten wirken können (vgl. Dutschmann 2001, Nr. 46, 31; Dutschmann 2003, Nr. 44, 63).
Über die akute Situation hinaus gibt es diverse sozio-kulturelle Risikofaktoren, die die Entstehung von Aggression begünstigen. *(siehe Abbildung 7, Seite 39)*

Laut Bauer (2008, 33) sind „selbsterlebte Gewalt und fehlende persönliche Bindung" die beiden stärksten Prädikatoren (Vorhersagefaktoren) für Gewalttätigkeit bei KuJ.
Je mehr dieser Risikofaktoren sich bei einer Person vereinen, desto größer wird das Risiko, dass diese Person vermehrt aggressiv handelt. „Klar ist, dass die tatsächliche Entwicklung von der Gesamtkonstellation der Risikofaktoren, sowie der gegenläufigen Schutzfaktoren abhängt" (Nolting 2007, 163). In der Arbeit mit KuJ sollte somit vor allem darauf geachtet werden, welche Resilienzen die KuJ haben, die es ihnen ermöglichen, trotz Risikofaktoren weniger häufig und heftig Aggressionen auszuleben. Diese Resilienzen (z. B. kommunikative Fähigkeiten oder soziale Unterstützungssysteme) gilt es gezielt zu erhalten und auszubauen. Zusätzlich hat jede Person selbst Einfluss auf die Entwicklung aggressiver Verhaltenstendenzen. „Durch ihr Verhalten ruft sie Umweltreaktionen hervor, von denen sie wiederum beeinflusst wird. (...) In gewissem Grade ist die Person also Gestalter der eigenen Entwicklung" (ebd). Das Maß an Selbstverantwortung ist hierbei sicherlich abhängig vom psycho-sozialen und kognitiven Entwicklungsgrads der KuJ.

5.3 Frühkindliche Aggression

Vorschulkinder, die aggressives bzw. gewalttätiges Verhalten zeigen, sind vor allem selbst Opfer von Gewalt. Darauf weist Günter Gugel (2014, 54) zu Recht hin. Weiterhin deutet er an, dass es problematisch ist, Kindern in diesem Alterssegment Aggressivität oder Gewalttätigkeit als Persönlichkeitsmerkmal zuzuschreiben. Junge Kinder nutzen durchaus Verhaltensweisen, die von außen als aggressiv oder gewalttätig wahrgenommen werden können. Diese sollten jedoch als entwicklungsbedingte kindliche Aggression gesehen und von der Aggression und

Biologische Faktoren
Männliches Geschlecht, genetische Dispositionen, Schwangerschaftsrisiken (z. B. Fetales Alkoholsyndrom), Geburtskomplikationen, geringes Erregungsniveau, Neurotransmitter-Dysfunktion (Serotonin), hormonelle Faktoren (Testosteron, Cortisol)

Risiken in der gleichaltrigen Gruppe
Wenig prosoziale Kontakte/Freunde, Anschluss an delinquente Cliquen, Bandenmitgliedschaft, lokale Konzentration devianter Jugendlicher (z. B in Freizeiteinrichtungen), Nachahmung und Verstärkung devianter Lebensstile

Familiäre Faktoren
Fehlende elterliche Wärme, Vernachlässigung, Kindesmisshandlung, ungünstiger Erziehungsstil (aggressiv, sehr streng, inkonsistent), elterliche Konflikte, geringer Zusammenhalt, Scheidung/Trennung, frühe Schwangerschaft, Kriminalität der Eltern

Risiken in den Denkweisen
Einstellungen und Überzeugungen die Devianz begünstigen, Aggressionen fördernde soziale Informationsverarbeitung (z. B. Feindseligkeitsattribution), Defizite in der Empathie und in sozialen Problemlösungen, Probleme im Selbstwerterleben (gering oder fragil überhöht), subkulturelle Identifikation

Frühe Persönlichkeits- und Verhaltensrisiken
Schwieriges Temperament, Impulsivität, Hyperaktivität, Aufmerksamkeitsdefizit, Risikobereitschaft und Stimulierungsbedürfnis, Intelligenz- und Sprachdefizite, Bildungsdefizite, früher Beginn dissozialen und aggressiven Verhaltens, Verhaltensprobleme in verschiedenen Kontexten (Familie, Kindergarten, Schule)

Risiken im Lebensstil
Wenig strukturiertes Freizeitverhalten, intensiver Konsum von Gewalt in den Medien, Alkoholmissbrauch, Gebrauch illegaler Drogen, anderes Risikoverhalten (z. B. im Straßenverkehr, im Sexualbereich)

Schulische Risiken
Leistungsprobleme, geringe Bindung an die Schule, Schulschwänzen, häufiger Schulwechsel, geringes schulisches Engagement der Eltern, ungünstige Beziehungen in der Schule und Klasse, kein Schulabschluss

Risiken in der Gemeinde/Nachbarschaft
Armut, Konzentration von Problemfamilien, desorganisierte Nachbarschaft, Verfügbarkeit von Waffen, Kontext von Gewalt, Drogen, ethnische Probleme

Abbildung 7 (nach: Brinkmann, Frech & Posselt 2011, 32)

Gewalttätigkeit der Jugendlichen und Erwachsenen abgegrenzt werden (vgl. Gugel 2014, 54). „Kinder sind nicht gewalttätig, sondern sie wenden in spezifischen Zusammenhängen und Situationen Aggression und Gewalt an.“ (ebd.) „Die Aggressionen dieser Altersgruppe werden durch ein entwicklungsbedingtes Kompetenz-Handicap im sozialen Miteinander ausgelöst. (...)“ (Haug-Schnabel 2009, 47). Wenn Kinder sich in der Entwicklungsphase „Symbiose-Autonomiekonflikt“ befinden, die meist zwischen dem 2. und 5. Lebensjahr auftritt und auch heute noch unglücklicherweise als Trotzphase bezeichnet wird, zeigen sie Verhaltensweisen, die aggressiv oder gewalttätig wirken. Im Unterschied zu „echter“ Aggression liegt hier allerdings kein bösartiger Schädigungs- und Grenzverletzungswille vor. Vielmehr handelt es sich um Wutausbrüche und Abgrenzungsbemühungen. Den Kindern hier eine aggressive Absicht zu unterstellen, ist ebenso falsch wie kontraproduktiv. Sie bedienen sich der Mittel, die sie zu diesem Zeitpunkt entwicklungsbedingt zur Verfügung haben. Und dazu gehört in erster Linie körperliche Kommunikation statt verbaler Kommunikation.

Wie sollen KuJ ihre Wut und innere Not zum Ausdruck bringen, wenn sie keine Worte dafür haben?

Diese Differenzierung hat vor allem einen Einfluss auf den Blick und die Haltung der Erwachsenen, sowie auf die daraus resultierenden Strategien zur Deeskalation.

6. Die eigenen Anteile (er-)kennen

Ob man will oder nicht, wenn man als PädagogIn mit „aggressiven" KuJ interagiert, ist man immer ein Teil des „problematischen Interaktionssystems". Dies bedeutet nicht, dass man immer maßgeblich Schuld an dem aggressiven Verhalten der KuJ ist, aber man gestaltet über die eigene Rolle und das eigene Verhalten einen bedeutenden Systemfaktor mit. Manchmal kann es sein, dass man sogar selbst zu einem Glied der Problemkette wird (vgl. Dutschmann 2003, Nr. 44, 21). Wenn man systemisch nach Lösungen sucht, kommt man also nicht umhin, auch den eigenen Anteil (Haltung, Verhalten, Strukturen) an der Gesamtsituation kritisch zu betrachten. Eine Haltung, die die Eskalationsursachen und Problembeschreibungen ausschließlich bei den KuJ sucht und findet ist in den Augen des Autors nicht professionell. Eine professionelle Haltung entsteht unter anderem aus der regelmäßigen und kritischen Reflexion eigener individueller Muster, Einstellungen, Werte sowie der Auswirkungen des pädagogischen Handelns. Eine professionelle Haltung führt zu einem situationsübergreifend logisch-schlüssigen (kohärenten) und nachvollziehbaren Verhalten und Handeln (vgl. Lietz & Nieling 2020, 13).
Die soziale Wahrnehmung bildet dabei die Grundlage für soziales Verhalten. Sie ist auch bei Profis ein subjektiver und individueller Prozess. Das bedeutet, dass auch Profis ihre Umgebung anhand von individuellen Erwartungen und bekannten Mustern wahrnehmen und konstruieren. Über diese persönlichen Muster sollte man Bescheid wissen und immer bereit sein, sich diesbezüglich zu reflektieren. Warum nehmen wir etwas „so oder so" wahr ... woher kommt diese Wahrnehmung? Neben den individuell geprägten Wahrnehmungs- und Wertungsmustern spielt bei der Wirklichkeitskonstruktion auch der Kontext eine bedeutsame Rolle. Es bedeutet einen relevanten Unterschied für die Wertung eines Verhaltens, in welchem Kontext dieses auftritt. So kann ein und dasselbe Verhalten, von ein und derselben Person, in unterschiedlichen Kontexten anders gewertet werden. Als pädagogischer Profi sollte man dies im Hinterkopf behalten. Dann kann man sich immer mal wieder selber fragen: „Aus welchem Grund empfinde ich das Verhalten der KuJ gerade als problematisch ... kann ich das auch anders sehen?"
Als Beispiel dafür, wie sehr der Kontext die Wirkung von Reizen verändert, folgt eine Darstellung von zwei roten Punkten. *(siehe Abbildung 8, Seite 41)*

Welcher der beiden roten Punkte ist größer? Richtig! Beide sind gleich groß! Aber sehen sie gleich groß aus? Auch wenn es klar ist, dass sie gleich groß sind, so wird es vielen BetrachterInnen so gehen, dass ihnen der rechte rote Punkt weiterhin größer erscheint. Unsere Wahrnehmung ist leider nicht immer korrekt und vor al-

Abbildung 8

lem nicht objektiv und allgemein gültig. Dieses Beispiel soll dazu motivieren, sich zu erlauben, die eigene Wahrnehmung und Wertung bzgl. des Verhaltens von KuJ immer wieder zu hinterfragen. Könnte man es auch anders sehen? Wenn ja, wann und in welchem Kontext? Hat das/der KuJ, in derselben Situation, evtl. einen anderen Kontext erlebt, als man selbst? Wenn das so wäre, ist es dann evtl. nachvollziehbar, dass das KuJ „aggressiv" gehandelt hat? Wenn ja, dann ist es evtl. auch legitim den persönlichen Umgang als PädagogIn mit dem aggressiven Verhalten zu verändern. Das muss nicht bedeuten, dass man es toleriert oder gar fördert. Es kann aber bedeuten, dass man sich mehr darauf konzentriert das Verhalten des KuJ zu kritisieren, ohne dabei die Persönlichkeit des KuJ herabzuwürdigen.
Wenn man es im Umgang mit herausfordernden KuJ nicht mehr schafft die existenten „positiven" Persönlichkeitsanteile der KuJ zu sehen, dann gewinnen die „negativen" Sichtweisen und Zuschreibungen bzgl. der KuJ immer mehr Einfluss auf die Wirklichkeitskonstruktion der PädagogInnen. Dies hat dann einen direkten Einfluss auf deren Verhalten und kann somit zu einem Eskalationsfaktor werden. Professionelles Handeln im Umgang mit angespannten und aggressiven KuJ bedeutet, eine hohe Sensibilität für die Möglichkeiten, Bedürfnisse und Fähigkeiten der beteiligten Personen zu entwickeln.
Wie schon zuvor erwähnt, ist es vor allem in der Arbeit mit Kindern im Vorschulalter und mit Menschen mit Entwicklungseinschränkungen wichtig zu wissen, dass aggressives Verhalten bzw. Aggression bei ihnen entwicklungsbedingt sind und

meist nicht mit dem primären Ziel erfolgen, anderen Menschen gezielt zu schaden (vgl. Gugel 2014, 54).

Das in Kapitel A, Abschnitt 4 vorgestellte Modell der „Erregungskurve" kann sehr effektiv zur Selbstreflexion oder kollegialen Situationsreflexion herangezogen werden: *„Wo befinde ich mich zur Zeit auf der Erregungskurve?"* Es ist wichtig, sich dessen bewusst zu sein, denn auch als professionelle PädagogInnen handeln wir in Folge von physiologischen und psychologischen Prozessen. Das bedeutet, dass auch unser Verhalten und unser Verhaltensrepertoire (bewusst und unbewusst) sich mit unserem Erregungszustand ändert. Wenn man dann noch um seine typischen Verhaltensmuster in Erregung und deren Wirkung auf die aktuelle Umwelt weiß, dann kann man sich in Anspannungsmomenten kontrollierter und lösungsorientierter verhalten. Außerdem fällt es dann leichter, den persönlichen Anteil an der Gesamtdynamik der Situation zu erkennen und ggf. an Veränderungen zu arbeiten.

Besonderes Augenmerk sollte auch auf das Thema „Übertragung von Emotionen" gelegt werden. Einfach formuliert kann man es so ausdrücken: „Emotionen sind ansteckend" (Dutschmann 2003, Nr. 45, 25; Dutschmann 2001, Nr. 46, 32). Dieser Umstand ist unter anderem der Funktion der Spiegelneuronen geschuldet (vgl. Reinberger 2011). Man kann diesen Effekt teilweise beeinflussen, wenn man lernt, sehr professionell mit emotionalisierenden Situationen umzugehen (vgl. Keysers 2013). In jedem Fall sollte verhindert werden, dass Profis unter dem Einfluss von Emotionen ihre Professionalität (u. a. die Selbststeuerung + Distanz zur Situation) verlieren. Dass dieses Ziel eher theoretischer Natur ist, das ist sicherlich kein Geheimnis. Dazu ist der Alltag der pädagogischen Berufe oftmals zu stressig und hektisch, aber dennoch muss das Ziel als Leitorientierung immer gelten. Hier können unter anderem effektive Selbstregulationstechniken helfen (mehr dazu in Kapitel C, Abschnitt 4). Je größer die emotionale Übertragung in Hochanspannungseskalationen ist, desto schwerer fällt es auch pädagogischen Profis, das Prinzip der Trennung von Person und Verhalten einzuhalten. Damit droht dann die professionelle Distanz zur Situation zu schwinden.

Auch aus lernpsychologischer Sicht ist es durchaus interessant, auf die Bedeutung des eigenen Verhaltens im Umgang mit aggressivem Verhalten von KuJ zu schauen. PädagogInnen stehen in ihrer Rolle häufig im Focus der KuJ. Mit ihrem Verhalten bieten sie den KuJ ein Verhaltensmodell im Umgang mit bestimmten Situationen an (vgl. Dutschmann 2003, Nr. 44, 57; Hoegg 2006, 41). Im Rahmen des Modelllernens (vgl. Nolting 2007, 84 ff.; Kasten 2014, 279) haben PädagogInnen durch ihr Verhalten einen unterschiedlich großen Einfluss auf die Entwicklung des Verhaltensrepertoires der KuJ, mit denen sie arbeiten. Je intensiver und dauerhafter dieser Kontakt und somit der Einfluss ist, desto größer und relevanter kann das Modell werden. Dieses Modell muss stimmig zur pädagogischen Grundhaltung sein. So passt es nicht, wenn PädagogInnen von den KuJ verlangen, bei Provokationen und Beleidigungen „wegzugehen und zu ignorieren", wenn sie in solchen Kontexten selber direkt emotional und mit Sanktionen reagieren. Die Ehre und Würde von PädagogInnen ist natürlich nicht mehr oder weniger wert als die der KuJ. Auch haben die KuJ genauso Sorge und Angst davor, dass ihr sozialer Status durch ein Ignorieren der Provokation beschädigt wird, wie es die PädagogInnen haben können und dürfen. Wenn PädagogInnen es jedoch schaffen, klar und besonnen auf Provokationen zu reagieren, dann können sie damit auch ein sehr gutes Lernmodell für KuJ sein. Zusätzlich steigt mit dem Vorleben einer deeskalativen Reaktion die Legitimität ihrer Forderung nach einem entsprechenden Verhalten bei den KuJ.

7. Vorbereitet sein

Je besser eine Person, ein Team, eine Institution auf den Umgang mit herausfordernden Situationen oder gar Eskalationen vorbereitet ist, desto wirksamer und angemessener wird ihr Umgang mit der jeweiligen Situation sein. Je besser man vorbereitet ist, desto einfacher wird es sein, unter dem Einfluss emotionaler und körperlicher Anspannung auf die entsprechende Handlungsstrategie zurückzugreifen (vgl. Dutschmann 2001, Nr. 46, 41). Es macht also durchaus Sinn, für den Umgang mit prekären Situationen einen groben Handlungsleitfaden in der Hinterhand zu haben. Dies gilt sowohl für den Umgang mit medizinischen Notfällen als auch für den Umgang mit emotional hochangespannten KuJ.
Struktur- oder Ablaufpläne stehen jedoch „nur" geschrieben. Ob man unter hoher Anspannung noch in der Lage ist, sich entsprechend der „Pläne" verhalten zu können, hängt unter anderem davon ab, wie verinnerlicht das entsprechende Wahrnehmungs- und Verhaltensmuster bei der betroffenen bzw. agierenden Person ist. Je mehr das „im Plan" geforderte Verhalten von dem bisherigen persönlichen Verhaltensmuster abweicht, desto intensiver muss man sich vorbereiten. Diesen Prozess kann man sicherlich schon als eine Form des Trainings bezeichnen. In dem Fall wird man viel im Alltag trainieren müssen (learning by doing). Das liegt daran, dass es selten adäquate Angebote (außer umfangreiche Fortbildungen) gibt, wo man sein Verhalten gezielt und außerhalb von Ernstsituationen trainieren kann. Das bedeutet aber auch, dass das „Tun" entsprechend reflektiert und notfalls angepasst werden muss.

> Es dauert lange, bis gewohnte Muster erfolgreich überschrieben wurden, oder bis neue Verhaltensmuster unter Stress ebenso „greifbar" sind wie die „alten Muster". Bleiben Sie dran!! (vgl. Vera 2015, 74)

Auch wenn massive aggressive Eskalationen bei KuJ oder gar (gezielte) körperliche Übergriffe von KuJ gegen Autoritäten meist nicht Alltag sind, sollte man sich auf solche Situationen vorbereiten. Diese Situationen haben in der Regel aufgrund ihrer Intensität und Gefährlichkeit das Potenzial, bei den Betroffenen ernste körperliche Verletzungen sowie ein nachhaltiges Unsicherheits- und Angstgefühl zu erzeugen (vgl. Unfallkasse NRW 2010, 25). *(siehe Abbildung 9, Seite 46)*

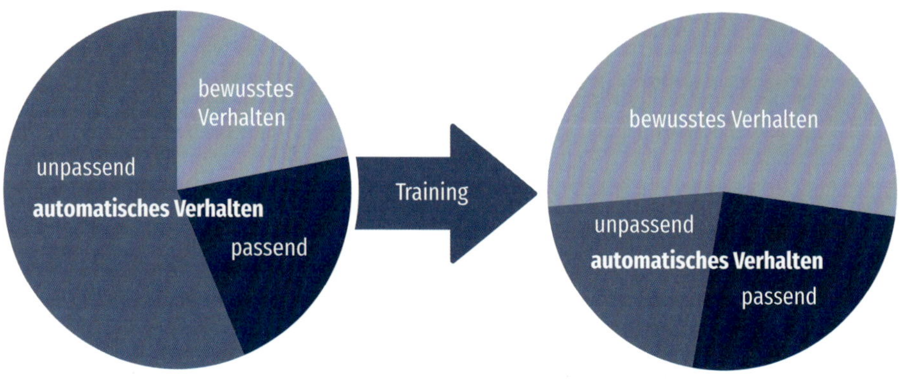

Abbildung 9 (nach: Unfallkasse NRW 2010, 34)

Je intensiver man mit KuJ zusammenarbeitet, desto genauer sollte man über ihre individuellen anspannungsauslösenden Reize und ihre Stressreaktionen informiert sein. Folgende Fragen können dabei helfen, die KuJ zielgerichteter zu beobachten und bei Bedarf entsprechend regulierende Angebote vorhalten zu können:

- Welche beobachtbaren Körpersignale und Verhaltensweisen kennzeichnen und unterscheiden die einzelnen Erregungsniveaus (Grün, Gelb, Rot) bei der Person?
- Welche Faktoren tragen zu Anspannung oder Entspannung bei?
- Welche entspannenden Situationen sollten generell häufiger stressregulierend und somit präventiv angeboten werden?
- Welche Aspekte sollten grundsätzlich bei Anspannung vermieden werden, da sie in der Regel bei der Person zu einem weiteren Spannungsanstieg beitragen?
- Welche sozial-kommunikativen, aufgabenbezogenen oder sensorischen Anforderungen müssen situativ bei Anspannung angepasst werden?
- Welche Maßnahmen sind zur Ablenkung hilfreich? Eine Ablenkung ist am

effektivsten und wirkt zusätzlich stressreduzierend, wenn dabei für die Person positive Dinge genutzt werden.

Erinnern Sie sich an das Grundprinzip aus Kapitel 2.1 „*Wer vorbereitet ist, ist schneller und länger handlungsfähig*"? Es bietet sich an, die Erkenntnisse auf der Reflexion von geschehenen Eskalationen dazu zu nutzen, um sich gezielter auf eventuelle ähnliche Ereignisse in der Zukunft vorzubereiten. Auch wenn keine Situation 1:1 deckungsgleich sein wird, wird es viele Situationen geben, die prinzipiell nach dem gleichen Muster ablaufen.

Es gibt hier glücklicherweise eine Form des Trainings, die sowohl alltagskompatibel als auch wirksam ist. Das Imaginationslernen (auch Mentales Training oder ideomotorisches Training genannt) bzw. das Lernen durch Vorstellung.
Bei dieser Trainingsform erfolgt das Training über das gedankliche „Durchspielen" einer Bewegung. Mit Bewegung sind alle motorischen Aktivitäten gemeint, somit auch Sprache und Mimik. „Durch die intensiven Bewegungsvorstellungen kommt es zu einer zentralen Erregung des motorischen Rindenfeldes des Gehirns und damit zu Mikrokontraktionen der Muskeln" (Weineck 2007, 920). Diese Reizleitung ist erstaunlicherweise ähnlich effektiv wie die tatsächliche motorische Bewegungsausführung.
Damit das Mentale Training wirksam sein kann, muss eine klare Vorstellung über das zu trainierende Verhalten vorhanden sein. Je differenzierter die Vorstellung, desto wirksamer ist das Training. Außerdem kann das Mentale Training besonders dann effektiv betrieben werden, wenn man vorher eine Entspannungsphase einbaut. Die jeweiligen Trainingseinheiten sollten nicht länger als 10 Minuten am Stück dauern. Dafür können aber mehrere Trainingseinheiten pro Tag eingelegt werden (vgl. Weineck 2007, 916 ff.).
Diese Trainingsform ist grundsätzlich auch auf das eigene Verhalten in Interaktionen anwendbar. Da wir in einer Interaktion jedoch die Variable „Verhalten unseres Gegenüber" haben und diese nicht 100%ig vorhersehen können, macht es vor allem Sinn, sich im Mentalen Training auf Situationen vorzubereiten, in denen man den Situationseinstieg mitgestalten kann (z. B. Kontaktaufnahme bei einer Konfrontation).
Ein Bereich, in dem das Mentale Training besonders gut eingesetzt werden kann, sind Verhaltenspläne und Kommunikationstechniken, die in Hochanspannungssituationen Anwendung finden sollen (z. B. Deeskalationstechniken / Erste-Hilfe-Abläufe). Gerade in solchen Situationen neigen Menschen dazu, intuitiv zu handeln (vgl. Verra 2015, 80). Unter diesen Umständen werden vor allem Hand-

lungsmuster aktiviert, welche automatisiert abgerufen werden können, denn für Nachdenken ist in solchen Situationen in der Regel keine Zeit. Das liegt daran, dass das menschliche Gehirn unter großem Stress nicht in der Lage ist, den für die kognitive Entscheidungsfähigkeit zuständigen Bereich des Großhirns zu aktivieren (vgl. Krüger 2013, 47 ff.). Folgende Metapher beschreibt den Vorgang des neuronalen Lernens wahrscheinlich am anschaulichsten:

Die Nervenbahnen, die vom Gehirn und Rückenmark ausgehen und unser Verhalten steuern, sind wie Wege, auf denen die entsprechenden Verhaltensbefehle transportiert werden. Je häufiger ein solcher Weg genutzt wird, desto besser ausgebaut ist dieser. Es können dort besonders viele Informationen besonders schnell von der Sender- zur Empfängerstation gelangen. Je weniger häufig ein „Weg" genutzt wird, desto geringer bleibt oder wird die Transferleistung.

Daraus lässt sich folgern, dass es sinnvoll ist, gerade bei neu erlernten (noch nicht automatisierten) Verhaltensweisen die entsprechenden „Nervenleitungen" besonders häufig zu stimulieren. Hierzu bietet sich vor allem die Methode des „Mentalen Training" an (vgl. auch Krüger 2013, 85; 111 f.).

Gehen Sie beim Mentalen Training richtig weit. Versuchen Sie, sich wirklich vorzustellen wie es sich körperlich anfühlen wird, wenn sie die Handlung ausführen werden. Unterstützen Sie dieses ruhig auch mit den entsprechenden Bewegungen: Wie stehen Sie? Wie ist Ihr Blick? Was machen Ihre Hände?

7.1 Interventionsberechtigung

Wenn man über längere Zeit mit KuJ arbeitet und es realistisch ist, dass es zu aggressiven Eskalationen kommt, sollte man dafür sorgen, dass man mit den KuJ im Vorfeld bespricht, wie man in den entsprechenden Situationen vorgehen soll/muss (vgl. Haupt-Scherer 2018, 36). Dies ist vor allem für KuJ wichtig, die erfahren haben, dass sie das Entstehen und den Verlauf von aggressiven Eskalationen nicht immer selber steuern können. Das gilt vor allem für traumatisierte KuJ. Diese KuJ brauchen die Sicherheit, dass man auf das Auftreten solcher Krisen vorbereitet ist und dass eine solche Eskalation nicht den sicheren Abbruch einer Beziehung bedeutet. Solche Absprachen können und sollten nachvollziehbar dokumentiert werden, z. B. in Form eines Vertrages oder in Form einer Videobotschaft.

In diesem Kontext kann es auch sehr hilfreich sein, mit den KuJ einen Notfallkoffer für den Einsatz in emotionalen Notfällen zu packen. Dieser kommt dann zum Einsatz, wenn die KuJ noch in Phase „Gelb“ und noch ansprechbar sind oder sie die Phase „Rot“ wieder verlassen haben.

Je besser die Beziehung zwischen PädagogIn und KuJ, je größer die persönliche Autorität der PädagogIn ist, desto „mehr dürfen diese Personen sich bei den KuJ erlauben“. Mit anderen Worten: Je besser die Beziehung zwischen den PädagogInnen und den KuJ ist, desto mehr werden die PädagogInnen als Autorität anerkannt. Allerdings ist darauf zu achten, dass es nicht darum geht der „Kumpel“ der KuJ zu werden. Diese Form fehlgeleiteter Anbiederung schwächt die PädagogInnen, da sie damit ihre Autoritätsrolle verlassen. Es geht letztendlich darum, eine gute Beziehung auf der Grundlage von Fairness, Klarheit, Verlässlichkeit, Vertrauen, ... aufzubauen. Für die pädagogische Arbeit bedeutet dies, dass man in den „ruhigen“ Zeiten an einer belastbaren Beziehung zu den KuJ arbeitet, damit man eine sichere Beziehungsbasis hat, die durch mögliche Eskalationen und die daraus folgenden Interventionen nicht zerstört wird.

Man sollte stets bedenken, dass jede Eskalation und jeder Konflikt, den KuJ mit PädagogInnen durchleben, eine ganz intensive Form der Beziehungsarbeit sind. Hier stellt sich in der akuten Dynamik und in der Nachbereitung heraus, wie es um die Beziehung zueinander bestellt ist und welche Perspektive man miteinander hat.

B › Deeskalation im Umgang mit instrumenteller Aggression

An dieser Stelle soll noch einmal an die Erregungskurve erinnert werden.

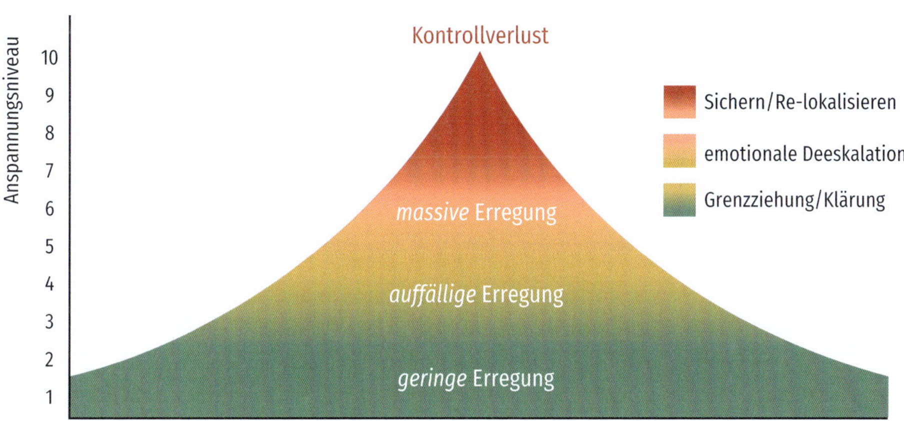

Abbildung 10

1. Situations- und Risikoeinschätzung

„Pädagogische Interventionen unterliegen immer dem Dilemma, Risiken und Nebenwirkungen zu beinhalten" (Schwabe 2019, 23). Der erste Schritt hin zu einem professionellen und effektiven deeskalativen Handeln bildet deswegen eine differenzierte Situationswahrnehmung und -bewertung. Sie dient als Entscheidungsgrundlage für alle weiteren Schritte. Um einen wirklichen Überblick zu erhalten, muss man die Situation mit genügend Abstand betrachten. Damit ist zunächst einmal räumliche Distanz gemeint. Nur so kann man alles in den Blick nehmen. Je mehr man sich dem Geschehen nähert, desto weniger gut kann man auch die Randbereiche des Geschehens wahrnehmen. Dazu kommt, dass man, wenn man sich dem Geschehen räumlich sehr annähert, auch viel schneller selber „mit reingezogen" wird. Wenn man dann einmal involviert ist (egal in welcher Rolle), dann wird es immer schwerer, sich wieder zu lösen.

Konflikte zwischen Menschen ähneln einem Elektromagneten! Je mehr Spannung entsteht, desto größer ist die anziehende bzw. abstoßende Kraft der Konflikte auf außenstehende Personen.

Das Gleiche gilt auch für den emotionalen Abstand. Je mehr man emotional an der Situation teilnimmt, egal ob die Emotion dabei Angst, Mitleid oder Wut ist, desto mehr wird dadurch das Treffen von rationalen, gut überlegten Einschätzungen und Entscheidungen erschwert. Natürlich ist es erst einmal normal, dass wir emotional Anteil nehmen. Wir können uns i. d. R. nicht komplett davon lösen. Die Spiegelneuronen sind auch hier aktiv! Um im eskalativen Moment aber nicht planlos und total emotionsgesteuert zu handeln, kann es sehr helfen sich a) bewusst zu beruhigen und sich b) an einen Handlungsplan zu halten und diesen „abzuarbeiten".
Bevor man ein Risiko rational einschätzen kann, benötigt man zahlreiche grundlegende Informationen zur Situation. Diese sammelt man, indem man sich bewusst eine Reihe von „W-Fragen" stellt. Die W-Fragen sollten zunächst rein objektiv beantwortet werden, erst dann folgt die persönliche Bewertung (z. B. in Form der Risikobewertung):

- Wo bin ich?
- Welche Personen sind noch anwesend?
- Wie stehe ich zu diesen Personen?

- Wer ist nicht anwesend? Wie relevant ist das?
- Was passiert gerade?
- Wer macht was?
- Wie ist der Kontext?
- Welche Vorgeschichte hat die Situation?

Die hier aufgelisteten Fragen haben keinen Anspruch auf Vollständigkeit und können je nach Kontext ausgetauscht und ergänzt werden.

In Schritt 2 folgt dann die Risikoabschätzung. Dazu kann die Beantwortung folgender Fragen behilflich sein:

- Worin genau besteht das Risiko?
- Gibt es eine oder mehrere Gefahrenquellen?
- Bin ich selber gefährdet?
- Sind Menschen gefährdet, für die ich verantwortlich bin?
- Sind (auch) andere Menschen gefährdet?
- Sind materielle Schäden zu erwarten?
- Welche Schäden sind im „ungünstigsten" Fall zu erwarten?
- Wie akut ist die Gefahr?
- Wodurch könnte die Gefahr abgemildert werden?
- Wie gut fühle ich mich auf die Gefahr vorbereitet?
- Wie sehr stehe ich selber unter Stress?
- Habe ich ausreichend Kompetenzen und Sicherheit, um kontrolliert zu reagieren?
- Habe ich schon ähnliche Situationen erlebt und gelöst?
- Habe ich bewährtes „Handwerkszeug" zur Verfügung?
- Wie hoch ist das akute Anspannungsniveau der Beteiligten?
- Sind Waffen oder gefährliche Gegenstände im Spiel?

Wie viel Zeit man zum Beantworten dieser Fragen hat, ist von Situation zu Situation unterschiedlich. Grundsätzlich gilt natürlich: Je mehr Zeit man hat, desto sorgsamer kann man sich vorbereiten. Je weniger Zeit man hat, desto intuitiver läuft die Überprüfung ab. Unser Gehirn braucht für eine erste, richtungsweisende Einschätzung deutlich weniger als eine Sekunde (vgl. Verra 2016, 64 ff.). Naturgemäß ist es, vor allem in emotional bedeutsamen Momenten, nicht leicht bis unmöglich, rational zu agieren (vgl. Van der Kolk 2018, 71 ff.). In solchen Fällen können

die oben genannten Beobachtungsfragen jedoch im Rahmen der systematischen Reflexion einer erlebten Eskalationssituation genutzt werden.
Sie können im Alltag Ihre Wahrnehmungskompetenzen bewusst schulen, indem Sie immer mal wieder einen bewussten Situations- und Risikocheck vornehmen. Durch eine gut geschulte Wahrnehmung wird es Ihnen in „Realsituationen" leichter fallen, den Überblick zu behalten.
„Neue" Situationen verunsichern die Handelnden in der Regel stärker, als solche mit bekannten Mustern. Das ist völlig normal, da die Handelnden in diesem Fall ihr Verhalten nicht auf Erfahrungen aufbauen können. Ein Vorgehen nach einem festen Plan bietet in solchen Situationen eine hilfreiche Verhaltensorientierung.

Grundsätzlich kann man aggressives Verhalten in verschiedene Intensitätsabstufungen differenzieren. Angelehnt an Päßler und Trommel (2010, 34) wird hier in drei Stufen differenziert:

Grad 3

Schwerer
körperlicher Angriff
Bedrohung

Grad 2

Leichter körperlicher Angriff
Bedrohung

Grad 1

Grenzüberschreitung/Beleidigung

Abbildung 11

Grad 1: Grenzüberschreitung / Beleidigung
Distanzunterschreitungen, die unangenehme Gefühle (wie z. B. Bedrängung) auslösen. Beschimpfungen und Erniedrigungen durch Wörter, Gesten und Blicke.

Grad 2: „Leichter" körperliche Angriffe / Bedrohung
Die bedrohende Person muss grundsätzlich in der Lage sein, die angedrohte verletzende Handlung durchzuführen. Der Angriff kann jederzeit und unmittelbar erfolgen oder erfolgt tatsächlich.
Der Angriff wird sehr wahrscheinlich keine schwerwiegenden körperlichen Folgen haben.

Grad 3: Schwerer körperlicher Angriff / Bedrohung
Die bedrohende Person muss grundsätzlich in der Lage sein, die angedrohte verletzende Handlung durchzuführen. Der Angriff kann jederzeit und unmittelbar erfolgen oder erfolgt tatsächlich. Der Angriff ist bzw. wäre so schwerwiegend, dass mit einer ernsthaften körperlichen Verletzung zu rechnen ist. Davon ist u. a. auszugehen, wenn die angreifende Person Gegenstände als Waffen benutzt oder körperlich deutlich überlegen ist.

Aggressives Verhalten des Grad 1 tritt im privaten und beruflichen Alltag mit Abstand am häufigsten auf. Danach folgen Angriffe bzw. Androhungen im Grad 2. Am seltensten sind schwere Angriffe bzw. Bedrohungen. Wie häufig etwas vorkommt hat dabei keine Bedeutung auf die Schädigungswirkung, die die einzelne Handlung haben kann.
Bei Aggression in Grad 1 und 2 kann und wird von pädagogischen Profis erwartet werden, dass sie mit deeskalierenden und schonenden Strategien reagieren. Bei Grad 2 können ergänzend auch defensive Selbstschutztechniken (z. B. Umlenken und Ausweichen) eingesetzt werden.
Bei einem schweren körperlichen Angriff (Grad 3) ist im Rahmen der Notwehr auch offensiver Selbstschutz legitimiert, wobei auch hier die Empfehlung auf der Anwendung von defensiven Strategien liegt (z. B. Abwehr und Flucht).

1.1 Frühwarnzeichen für eine aggressive Eskalation

Die Körpersprache von Menschen kann als ein wichtiger Indikator für das potenzielle Bevorstehen einer aggressiven Eskalation dienen. Folgend sind die Warnsignale aufgelistet, die nach Meinung und Erfahrung des Autors am häufigsten auftreten:

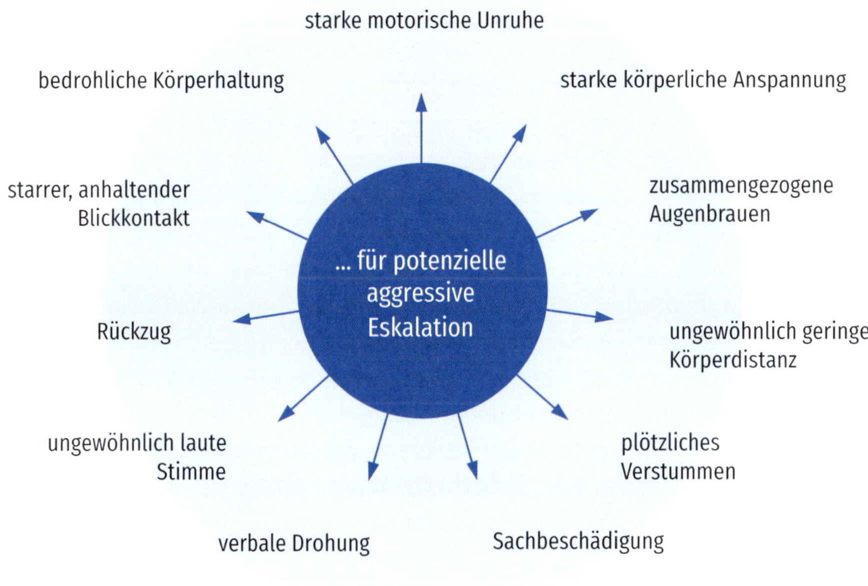

Abbildung 12: Frühwarnzeichen

Diese Signale können auch eine andere Bedeutung haben und es gibt noch unzählige individuelle Frühwarnzeichen. Sie sollten also nicht per se als Indikator für eine mögliche aggressive Eskalation gewertet werden. Vielmehr müssen sie immer in Bezug zur aktuellen Situation wahrgenommen und interpretiert werden. Wie bei vielen Risikofaktoren bzw. Risikoindikatoren bedeutet vor allem ein gemeinschaftliches Auftreten von mehreren Faktoren und eine deutliche Ausprägung der Signale eine besonders große Wahrscheinlichkeit für das Eintreten eines bestimmten Ereignisses, in diesem Fall eine aggressive Eskalation.

Das Auftreten von sogenannten Frühwarnzeichen bedeutet also nicht automatisch, dass eine Eskalation zwingend erfolgt, sondern „nur", dass einer Person etwas Bedeutsames bei einer anderen Person auffällt. Diese Beobachtung sollte zur genaueren Analyse und Einschätzung der akuten Situation und ggf. zur Ansprache der beobachteten Person und der Auffälligkeiten anregen.

1.2 Reihenfolge der Risikoeinschätzung

Wenn im Kontext einer aggressiven Eskalation mehr als eine Person anwesend ist, muss die Risikoeinschätzung auch für die anderen Personen erfolgen. Dies gilt umso mehr, wenn die anderen Anwesenden auch KuJ sind. Da es in Eskalationsmomenten grundsätzlich wichtig ist, nicht den Überblick zu verlieren und nicht planlos zu handeln, empfiehlt es sich, schon bei der Risikoanalyse strukturiert und priorisiert vorzugehen. Schätzen Sie das Risiko zuerst für sich selber ein. Dann folgt die Einschätzung für Unbeteiligte. Zuletzt schauen Sie auf das Risiko für die Personen, die an der Eskalation beteiligt sind.

Die vorgeschlagene Reihenfolge der Risikoeinschätzung mag für den einen oder anderen Leser zunächst verwunderlich sein. „Warum soll zunächst auf die eigene Sicherheit geachtet werden? Haben wir nicht einen Schutzauftrag für die uns anvertrauten KuJ?"

Die Antwort ist recht simpel: Ja haben wir! Gerade weil pädagogische Autoritäten den Auftrag haben, die KuJ zu schützen, müssen sie Sorge dafür tragen, dass sie persönlich handlungsfähig sind und bleiben. Niemandem ist geholfen, wenn die verantwortliche PädagogIn selber zu Schaden kommt oder eskaliert und somit nicht mehr handlungsfähig ist. In diesem Moment verliert sie das letzte Stück Kontrolle über die Situation und kann dann auch nicht mehr für die Sicherheit der KuJ sorgen.

1. *Risikoeinschätzung für sich selber (präventiv, akut oder reflexiv)*

An dieser Stelle sind folgende Fragen zu klären:

- Was ist die (maximale) Gefahr, der man sich aussetzt?
- Wie wahrscheinlich ist es, dass dieser „worst-case" eintritt?
- Welche Mittel hat man, um sich zu schützen?
- Welche Notausstiegsmöglichkeiten gibt es?
- Könnte Hilfe nötig werden? Wenn ja, wie kann Hilfe organisiert werden?
- Ist es das Risiko wert?

Die Pflicht einer Autoritätsperson sich direkt (z. B. körperlich) in einen eskalierenden Konflikt einzumischen, erlischt dann, wenn eine Intervention die Autorität selber in unzumutbare Gefahr bringt, oder sie durch die Intervention eine andere wichtige Pflicht verletzen würde (vgl. dazu auch §323c StGB). An dieser Stelle bleibt offen, was im Einzelfall zumutbar oder unzumutbar wäre. Diese Frage muss im Zweifelsfall durch eine richterliche Entscheidung geklärt werden. Mehr dazu folgt später.
Die Pflicht zur Handlung bleibt immer bestehen, auch wenn eine direkte Intervention in das unmittelbare Geschehen zwischen den Eskalationsbeteiligten nicht zumutbar erscheint!! Das Mindestmaß an Hilfe, das im Prinzip immer möglich ist, ist Hilfe zu holen!
Die Pflicht zur Handlung besteht schon dann, wenn eine Gefährdung in Ansätzen zu erkennen ist. Würde eine Autorität im Angesicht einer erkennbaren Gefährdung nicht handeln, sondern gemäß dem Gedanken „Es wird schon nichts passieren" oder „Es wird schon gutgehen" agieren, dann könnte man ihr im Eintreten eines Schadensfall grobe bzw. bewusste Fahrlässigkeit vorwerfen (vgl. Hoegg 2006, 100).
Jede betroffene Person muss eine Gefährdungseinschätzung situativ für sich persönlich treffen. ABER, im Fall von professionell agierenden PädagogInnen wird man nicht mit dem gleichen Maß messen, wie bei pädagogisch ungeschulten Laien. Das bedeutet, dass von pädagogischen Fachkräften und ihren Arbeitgebern verlangt wird, a) dafür Sorge zu tragen, dass kontinuierlich daran gearbeitet wird, anspannungsauslösende Reize innerhalb der Einrichtung zu identifizieren und diese möglichst zu beseitigen und b) sich persönlich auf den Umgang mit herausfordernden und aggressiv-hochangespannten KuJ vorzubereiten. Diese beiden Schritte muss man immer und immer wieder umsetzen, da sich soziale, strukturelle, gesellschaftliche und persönliche Voraussetzungen permanent wandeln. Die funktionierenden Strukturen und Muster von heute können in der nahen Zukunft durchaus weniger brauchbar sein. Dann braucht es Veränderung.

2. *Risikoeinschätzung für „Außenstehende"*
Mit Außenstehenden sind Personen gemeint, die unmittelbar und mittelbar von der aggressiven Eskalation betroffen sein können aber nicht an der Eskalation beteiligt sind. Sind Außenstehende gefährdet, ernsthaft körperlich oder psychisch Schaden zu nehmen, müssen diese in Sicherheit gebracht werden. In der Regel reicht es, sie räumlich von dem Geschehen zu trennen. Je nach Alter und Verfassung sollten sie, wenn möglich, in die Obhut weiterer PädagogInnen übergeben werden.

Durch das Entfernen der Außenstehenden verringert man zum einen das Risiko, dass diese verletzt werden. Zum anderen verringert man die Gefahr, dass diese in den Eskalationsprozess aktiv mit einbezogen werden oder eingreifen und diesen noch unübersichtlicher machen.
Neben körperlichen Schädigungen, z. B. durch Schläge, Tritte, Wurfgeschosse, Reizgas, etc. sollen die Außenstehenden auch vor psychischen Schäden durch das (Mit-)Erleben der Aggression und vor potenziellen rechtlichen Konsequenzen geschützt werden.
Wenn die Außenstehenden nicht freiwillig den Platz verlassen, z. B. weil sie anfeuern oder zuschauen wollen, müssen Sie aktiv angewiesen werden. Z. T. ist in solchen Fällen auch die Androhung von Konsequenzen notwendig. Allerdings kann man vorher auch an die Vernunft und Kooperationsbereitschaft der Personen appellieren (z. B. „Bitte helft mir! Bitte geht raus! So kann ich mich um die beiden kümmern! Sonst ist mir das hier zu viel!!“).
Unter Umständen können die Außenstehenden auch in den Interventionsprozess eingebunden werden. Dies geht jedoch nur dann, wenn man diese dadurch nicht in Gefahr bringt. In der Regel ist so ein Einbinden der Außenstehenden vor allem in der Arbeit mit Jugendlichen möglich (vgl. dazu Schwabe 2019, 129 f.).

3. *Risikoeinschätzung für die Beteiligten*
In der Regel verfolgen pädagogische Einrichtungen und viele Einzelpersonen das Ziel völliger Gewaltfreiheit. Ob dieses Ziel realistisch ist, hängt sicherlich auch von der Definition von Gewalt ab. Dabei müsste man auch registrieren, dass Gewalt in bestimmten Gesellschaftsteilen unter bestimmten Umständen legitimiert und z. T. erwünscht ist (vgl. Schwabe 2019, 129 ff.). Die Frage, die sich daraus ableitet ist: „Müssen PädagogInnen immer unmittelbar in körperlich eskalierende Auseinandersetzungen intervenieren, auch wenn diese von den Beteiligten frei gewählt wurden, oder können konflikthafte Kämpfe geschehen und man interveniert dann verzögert (z. B. durch Grenzziehung / Sanktionieren)?“
Solange die Kämpfenden den Kampf frei gewählt haben und im Kampf Kontrolle, Einvernehmlichkeit und ein Kräftegleichgewicht herrscht, scheint eine direkte Intervention nicht immer notwendig. Sobald jedoch ein(e) Beteiligte(r) sicht- und spürbar unterlegen scheint, die Kontrolle verloren geht und / oder sichtbare Verletzungen auftreten, sollte eingegriffen werden. Wenn sich die beobachtenden PädagogInnen jedoch nicht sicher sind, ob die Situation noch „kontrolliert“ ist, dann sollten sie natürlich auch früher intervenieren.
Mit diesen Gedanken soll nicht dazu geraten werden, Kinder und Jugendliche in ihrer Gewalttätigkeit zu fördern. Vielmehr ist es ein Appell, (jugend-)kulturel-

le Konfliktformen zu akzeptieren. Je nachdem welchen Stellenwert körperliche Konflikte haben, kann eine unerwünschte Intervention von außen heftige Gegenreaktionen zur Folge haben, was zu einer massiven Gefährdung für die intervenierenden PädagogInnen werden kann.
Im Nachgang zu solchen körperlichen Konflikten müssen dann natürlich aufarbeitende und ggf. begrenzende Gespräche und Interventionen folgen. Auch die Aussprache von Sanktionen kann in diesem Rahmen erfolgen.
Wenn man in diesen Nachgesprächen den emotionalen Kontakt zu den „Kämpfenden" herstellen bzw. nicht aufs Spiel setzen will, kann es hilfreich und wichtig sein, die Bedeutung körperlicher Konfliktaustragung für die KuJ zu akzeptieren. Das bedeutet aber in keiner Weise, dass man diese toleriert!

2. Umgang mit instrumenteller Aggression

Regeln und Grenzen setzen Rahmenbedingungen für soziale Systeme. Sie geben somit Orientierung und Sicherheit (wenn sie denn auf das System und die vorhandenen Notwendigkeiten und Bedürfnisse zugeschnitten sind). Da KuJ aus unterschiedlichen Motivlagen dazu neigen Regeln und Grenzen zu verletzen, ist es für die Stabilität des Gesamtsystems bedeutsam, wie passend die verantwortlichen Autoritäten mit diesen Regel- und Grenzverletzungen umgehen.

Nicht jede Grenz- und Regelverletzung kann und sollte als instrumentelle Aggression bewertet werden. Auch führt bei weitem nicht jede Begrenzung von KuJ durch Autoritäten zu einer Anspannungssituation.

„Ein Konflikt um einen Regelverstoß ist kein persönlicher Streit (...)" (Rhode & Meis 2006, 63). Da die Autorität von VertreterInnen des Regelsystems durch ihre formelle Position legitimiert ist, haben sie die Aufgabe, auf jeden Akt des Regelverstoßes zu reagieren. Wie dann die konkrete Reaktion ausfällt, hängt natürlich vom Gesamtkontext und der jeweiligen Situation ab. Menschen in Autoritätspositionen sind aber auch „nur" Menschen. Das bedeutet, dass es immer dazu kommen kann, dass bei Regel- und Grenzverletzungen durch KuJ emotionale Reaktionen bei den verantwortlichen Erwachsenen hervorgerufen werden. PädagogInnen haben, gerade aufgrund ihres professionellen Status, die Pflicht dies zu reflektieren und sich darauf vorzubereiten, um im Rahmen ihrer Tätigkeit mit einer größtmöglichen professionellen Distanz und Klarheit auf regelverletzendes Verhalten der KuJ reagieren zu können. Es bringt nichts, sich als Autorität durch Regelbrüche von KuJ persönlich angegriffen zu fühlen, denn dann wird aus einem formellen Regel-/Grenzkonflikt ein persönlicher Konflikt (durch den schlussendlich Gewinner und Verlierer zurückbleiben). Sollte man aber dazu neigen, bei bestimmten Verhaltensweisen sehr persönlich zu reagieren, könnte eine Supervision dabei helfen herauszufinden, woran das genau liegt und wie man das ändern kann. Entsprechend wichtig ist es auch, dass professionelle Autoritäten sich ihrer „persönlichen emotionalen Auslöser" bewusst sind. Damit sind jene Punkte gemeint, die PädagogInnen emotional triggern. An diesen Punkten ist die professionelle Haltung einer Autorität „verletzbar". Wahrscheinlich hat jeder Mensch solche Auslöser. In der Regel werden KuJ diese früher oder später erkennen. Wenn die Autorität dann nicht darauf vorbereitet ist, dass die KuJ sie dort treffen, dann steigt die Gefahr, dass die KuJ das Triggern dieser Auslöser instrumentalisieren.

Regelmäßige und kritische Selbstreflexion und eine ausgeprägte Kritikfähigkeit sind wichtige Eigenschaften professioneller Autoritäten. Lassen Sie sich Feedback geben und nutzen Sie dieses!

Der Aspekt der differenzierten und professionellen Vorbereitung auf den Umgang mit gezieltem und instrumentellem aggressiven Verhalten (z. B. gezielte Beleidigungen, Bedrohungen) ist deswegen besonders wichtig. Wenn die KuJ es schaffen, dass sich PädagogInnen aufgrund ihres herausfordernden Verhaltens unkontrolliert und unprofessionell emotional verhalten, dann erleben diese KuJ einen sehr intensiven Moment der sozialen Wirksamkeit und somit einen intensiven Verstärker für ihr „destruktives" Verhalten (vgl. Dutschmann 2003, Nr. 44, 36 f.; Dutschmann 2003, Nr. 44, 61). Dazu kommt dann evtl. noch, dass die PädagogInnen für ihr emotionales Verhalten gemaßregelt werden, was ihre Autorität durchaus (noch weiter) beschädigen kann.

Ganz grob kann man zwei Verhaltenskategorien von Reaktionen auf Regel- und Grenzverletzungen unterscheiden:

A: *Ignorieren*
Ignorieren bedeutet laut Duden (Duden 2017, B) „absichtlich übersehen, übergehen, nicht beachten".
Über die Technik des Ignorierens im Umgang mit instrumentellen Regel- und Grenzverletzungen kann sicherlich viel philosophiert, diskutiert und gestritten werden. Die einen werden sagen, dass man sich durch Ignorieren zurückzieht, den „Aggressoren" den Raum überlässt und persönliche Schwäche zeigt. Andere werden argumentieren, dass das bewusste Ignorieren, z. B. von Beleidigungen, die gegen die Autorität gerichtet sind, ein Zeichen von Selbstkontrolle, Souveränität und innerer Sicherheit ist.
Der Autor vertritt die Meinung, dass es sinnvoll sein kann, Beleidigungen und Provokationen dann situativ zu ignorieren und ggf. verzögert auf sie zu reagieren, wenn diese dazu dienen sollen, um von einem anderen Prozess (z. B. Konfrontation mit einem Fehlverhalten der KuJ) abzulenken. Ein Ignorieren z. B. von Beleidigungen kann auch dann empfehlenswert sein, wenn diese im Rahmen von Hoch-

anspannung geäußert werden. Hier kann man auch nicht mehr von aktivem oder instrumentellem Aggressionsverhalten sprechen, denn die aggressive Handlung (z. B. Beleidigung) ist entweder eine „hilflose" Form der emotionalen Selbstmitteilung oder eine Form von Abschreckung und Verteidigung.
Dient die Regel- oder Grenzverletzung aber einem anderen Zweck, oder ist sie gegen Dritte gerichtet, dann kann ein Ignorieren durch PädagogInnen problematisch werden. Dies trifft vor allem dann zu, wenn die KuJ wissen, dass ihr „Fehlverhalten" von den ignorierenden PädagogInnen bemerkt wurde. Nun besteht die Gefahr, dass das Ignorieren a) als stillschweigende Zustimmung oder Toleranz für das „Fehlverhalten" oder b) als persönliche Schwäche der PädagogIn gedeutet wird.
Eine Alternative zum Ignorieren kann die „verzögerte Begrenzung" sein. Damit ist gemeint, dass jetzt im Moment, aus guten Gründen, nicht auf die Herausforderung oder den Regelbruch eingegangen wird. Die Auseinandersetzung damit wird jedoch zu einem späteren Zeitpunkt verlässlich nachgeholt. Die Botschaft, die mit der Verzögerung der Reaktion verbunden sein muss lautet: „Ich habe dein Verhalten wahrgenommen. Ich werde mich aus folgenden Gründen ... jetzt nicht akut damit befassen. Ich komme später darauf zurück, DENN DAS, WAS DU GERADE MACHST, FINDE ICH ÜBERHAUPT NICHT IN ORDNUNG!" (vgl. Bauer, 2008, 89). Durch den Einsatz dieser Technik kann die PädagogIn beim „eigentlichen" Thema bleiben. Gleichzeitig macht sie (in einem kurzen Satz) deutlich, dass sie die Beleidigung usw. wahrgenommen hat und später darauf reagieren wird. Damit behält die PädagogIn die situative Souveränität bei sich, da sie weiterhin darüber entscheidet, mit welchem Thema sie sich gerade befasst und sie sich nicht vom Thema ablenken lässt. Gleichzeitig macht sie aber deutlich, dass sie auf die Beleidigungen (= Grenzverletzung) reagieren wird.
Wenn die Beleidigungen vor mehreren Zuschauern geäußert wurden, dann sollte man dafür sorgen, dass diese Zeugen darüber in Kenntnis gesetzt werden, wie nachträglich auf die Beleidigungen usw. reagiert wurde. Diese Technik lernen Sie in Kapitel B, Abschnitt 6.1 noch genauer als „*Rückführung in das soziale Netz*" kennen. Diese Form der Transparenz ist nötig, damit nicht der Eindruck entsteht, dass „nichts passiert ist" und damit die beleidigende Person nicht die Gelegenheit bekommt, den Eindruck zu erwecken, dass sie sich mit dem Verhalten durchsetzen konnte.
Nicht angebracht ist ignorierendes Verhalten von PädagogInnen nach Meinung des Autors dann, wenn Menschen gefährdet werden, wenn erheblicher Sachschaden droht, wenn dem Kind das Verhalten an sich Spaß macht oder wenn das Verhalten von Gruppen ausgeht (vgl. Dutschmann 2003, Nr. 44, 60 f.). Letzteres

erklärt sich dadurch, dass KuJ sich in Gruppen gegenseitig genug Anregungen und Verstärkungen geben, so dass sie gar nicht auf die Reaktion der PädagogInnen als möglicher Verstärker angewiesen sind. Sollten aus der Gruppe jedoch keine verstärkenden Signale kommen, kann man den Versuch wagen, mit der Strategie des Ignorierens zu arbeiten.

Anregung zur Selbstreflexion:
Überlegen Sie einmal wie häufig KuJ von PädagogInnen zu hören bekommen, dass sie Provokationen und Beleidigungen durch andere Personen ignorieren sollen. Dann überlegen Sie einmal, wie häufig Sie ein entsprechend positives Modell dafür abgeben? Wie häufig ignorieren Sie provokantes und herausforderndes Verhalten durch KuJ, bzw. wie oft reagieren Sie mit Gegenmaßnahmen? Warum sollten KuJ der Aufforderung zum Ignorieren folgen, wenn sie gleichzeitig sehen, dass die Autoritäten selber genau jenes Muster (direkte Gegenreaktion, Machtdemonstration) leben, welches sie bei den KuJ in Frage stellen?

B: Konfrontation und ggf. Grenzsetzung
Konfrontation bedeutet im ursprünglichen Sinn „Gegenüberstellung“ (dtv 1999, 506). Konfrontation als pädagogisches Mittel bedeutet für den Autor: „Einen Menschen mit etwas in Auseinandersetzung bringen.“ Im Umgang mit Regel- und Grenzverletzung heißt das, die betroffenen KuJ mit ihrem Verhalten und den daraus entstehenden Konsequenzen für andere Menschen und für sie selber zu beschäftigen und dabei nicht zuzulassen, dass die KuJ sich dieser Auseinandersetzung nachhaltig entziehen (z. B. durch Rechtfertigung, durch Weglaufen, durch Ignorieren, ...).
Konfrontation ist somit ein Kommunikationsprozess, der auch den entsprechenden Gesetzmäßigkeiten der Kommunikation unterliegt.
Konfrontation als pädagogisches Interventionsinstrument ist in einmaliger Anwendung oft nur begrenzt wirksam. Vielmehr braucht es auf Seiten der anwendenden PädagogInnen Beharrlichkeit und die Entschlossenheit, immer wieder in einen menschlich wertschätzenden und in der Sache ganz klaren konfrontativen Kontakt zu gehen (vgl. Omer & von Schlippe 2015, 55).
Konfrontation muss nicht mit einer Grenzsetzung oder gar mit einer Machtdemonstration verbunden werden. Das sachliche und wertschätzende Thematisieren einer Grenzverletzung ist auch eine Form der Konfrontation. Ob die Kon-

frontation durch eine Grenzsetzung ergänzt wird, liegt in der Entscheidung der beteiligten PädagogInnen.
Wenn die Entscheidung für eine Grenzsetzung fällt, dann sollte diese möglichst bewusst und angemessen ausgeführt werden. Wie schon oben erwähnt, kann es im Rahmen von Grenzsetzungen zu emotionalen Anspannungen und Eskalationen kommen. Um dies möglichst zu vermeiden, sollte man die Prinzipien der deeskalativen Grenzsetzung kennen und beherrschen.
Ob man eine Grenzsetzung deeskalativ oder eskalativ gestalten will, liegt schlussendlich auch wieder in der Entscheidungsgewalt der beteiligten PädagogInnen.

3. Grundprinzipien der deeskalativen Grenzziehung

a) Geäußerte Kritik fokussiert sich ausschließlich auf das unerwünschte/unerlaubte Verhalten und nicht auf die Person an sich

Bei der Entwicklung eines Selbstkonzeptes spielen die sozialen Rückmeldungen zur eigenen Person für KuJ eine wichtige Rolle. Vor allem die Feedbacks von Bezugspersonen (z. B. Eltern, LehrerInnen, Peers) spielen eine besonders bedeutsame Rolle (vgl. Kasten 2014, 382 f.). Erleben KuJ vermehrte personenbezogene Kritik oder Ablehnung, dann kann dies mit zur Ausbildung eines „negativen" Selbstbildes beitragen. KuJ mit solch einem „negativen" Selbstbild neigen dazu, sich schneller und häufiger beschuldigt zu fühlen. In ihrer Wahrnehmung „sind sie immer schuld" und „bei den anderen KuJ handeln die Autoritäten ganz anders". Diese KuJ fühlen sich auch schneller angegriffen und neigen deswegen ggf. mehr zur Verteidigungsaggression.

Werden solche KuJ mit Fehlverhalten konfrontiert, besteht ein höheres Eskalationsrisiko. Da die betroffenen KuJ nicht „aus ihrer Haut können", liegt es an den konfrontierenden PädagogInnen, sich des „negativen Selbstkonzeptes" der KuJ bewusst zu sein und das eigene Kommunikationsverhalten so zu gestalten, dass die Wahrscheinlichkeit eines Missverständnisses reduziert wird. Das ist hoch anspruchsvoll und mitunter sehr mühselig, aber welche andere Option gäbe es sonst? Eine Aussage wie z. B. „Die müssen das halt lernen!!" ist dabei sicherlich wenig hilfreich.

Um solch unnötige und auch oft ungewollte Eskalationen zu vermeiden ist es wichtig, dass KuJ auch im Moment der Kritik spüren, dass die kritisierende PädagogIn sie respektiert, sie wertschätzt und an sie glaubt (vgl. Bauer 2007, 87) und die Kritik sich auf das Verhalten bezieht.

b) Beschreiben statt Bewerten

Wenn PädagogInnen Verhalten kritisieren und evtl. sanktionieren, dann erhöht es die soziale Akzeptanz dieses Vorgehens, wenn die PädagogInnen sich dabei ganz konkret auf das gezeigte Verhalten beziehen. In der Kommunikation über das „problematische" Verhalten wird es hilfreich sein, wenn dieses ganz konkret beschrieben und dabei auf jegliche moralische Formulierung (z. B. „extra", „unnötig", „mal wieder" usw.) verzichtet wird.

c) Eigene (Be-)Wertungen müssen als solche kenntlich gemacht werden

„Jeder Mensch hat eine andere Vorstellung davon, was moralisch bzw. unmoralisch ist und was nicht" (Kasten 2014, 283). Dementsprechend kann die moralische Be-

wertung eines Verhaltens durch eine PädagogIn keine allgemeingültige Bedeutung haben. Aus diesem Grund ist es nach Meinung des Autors nur richtig, wenn bei der Äußerung von moralischer Kritik auch die Herkunft der Kritik klar benannt wird. Dies kann u. a. durch den Einsatz von „Ich-Formulierungen" unterstützt werden.
Eine Teilaufgabe der Erziehung ist es, dass KuJ gesellschaftliche Normen und Werte kennenlernen, annehmen und reflektieren. Die Äußerung moralischer Kritik an einem Verhalten durch eine PädagogIn kann für KuJ eine wichtige Orientierungs- und Lernhilfe sein. Diese werden sie jedoch kaum nutzen können, wenn die KuJ sich durch die Kritik persönlich abgewertet fühlen.
Hier muss berücksichtigt werden, dass KuJ in unserer heutigen Gesellschaft in ihren relevanten sozialen Nahräumen (Familie, Kindergarten, Schule, Freundeskreis) z. T. sehr unterschiedliche ethisch-moralische Normen erfüllen müssen. Dies kann KuJ vor ernste Orientierungsprobleme stellen.

d) Vermeidung von Status- und Gesichtsverlust bei allen Beteiligten
Wenn innerhalb von Regel- und Statuskonflikten für eine Partei ein Nachgeben bzw. Einlenken potenziell oder real einen Status- oder/und Gesichtsverlust zur Folge hat, dann steigt das Risiko, dass diese Person, trotz des Wissens um Konsequenzen, nicht einlenkt. In diesem Fall werden die Kosten des Status- bzw. Gesichtsverlustes durch die KuJ höher eingestuft, als die zu erwartenden Kosten, die durch die Sanktionierung entstehen könnten. Dieser Prozess des Abwägens verläuft dabei unterbewusst und ist nicht selten emotional beeinflusst.
Die konfrontierenden PädagogInnen können durch den Einsatz kommunikativer Techniken die Gefahr eines Status- und Gesichtsverlustes für alle Beteiligten reduzieren. Auch in diesem Punkt gehen also die Autoritäten aufgrund ihrer professionellen Rolle und Distanz in eine Art Vorleistung.
Erfahrungsgemäß ist dieser Aspekt vor allem in der Arbeit mit jenen KuJ besonders relevant, die einen höheren Status in einer Gruppe für sich beanspruchen. Jene mit einem niedrigen Statusanspruch haben in diesem Punkt logischerweise auch weniger zu verlieren.
Die Gefahr eines Gesichts- bzw. Autoritätsverlustes steigt, je intensiver und offensiver die Autoritäten die KuJ konfrontieren. Isoliert man die entsprechenden KuJ zuvor von der Gruppe, kann man dieses Risiko spürbar reduzieren. Gleichzeitig nimmt man den KuJ die Bühne.

e) Verzicht auf unmittelbaren Gehorsam
Den KuJ wird im Rahmen der deeskalativen Grenzziehung individuelle Gestaltungsfreiheit bei der Erfüllung der an sie gestellten Anforderungen eingeräumt.

Die PädagogInnen gehen bei einem Fortbestehen eines „problematischen“ Verhaltens immer wieder in den konfrontierenden Kontakt und erhöhen, falls nötig und sinnvoll, auch sukzessive den „Kostenrahmen“ für das Verhalten der KuJ. Dabei sollte man jedoch damit leben können, auf einen unmittelbaren Gehorsam zu verzichten. Dieser führt bei KuJ (und auch bei Erwachsenen) oft zu dem Gefühl der Unterlegenheit und Entblößung, was letztendlich auch negativ für das Selbstwertgefühl der KuJ und für die Beziehung zwischen den PädagogInnen und den KuJ ist. Außerdem erhöht das Empfinden dieser starken Gefühle das Risiko, dass diese Empfindung bei den KuJ reaktive Aggression auslöst. Es sollte in den meisten Fällen reichen, dass die KuJ die eingeforderten Verhaltensweisen verzögert umsetzen. Wie viel Zeit man einem KuJ dabei einräumt ist sicherlich sehr abhängig vom jeweiligen Verhalten der KuJ und dem Kontext, in dem das Verhalten gezeigt wird (z. B. bei Gefährdung der körperlichen Unversehrtheit wird sicherlich kein Zeitaufschub gewährt werden können).

4. Eskalationsmuster

Eskalation bedeutet laut dtv-Fremdwörterlexikon (1999, 269) eine „durch Wechselwirkung hervorgerufene Steigerung eines Konfliktes". Der Unterschied zwischen einem eskalierenden Konflikt und einem pädagogisch-kontrolliert eskalierenden Konflikt liegt darin, dass die Eskalationsschritte im pädagogisch-kontrollierten Eskalationsprozess von Seiten der PädagogInnen bewusst vollzogen werden. Da in einem Interaktionsprozess das Verhalten der Interaktionspartner nicht direkt gesteuert und kontrolliert werden kann, können solche Eskalationsprozesse nicht 100 %ig steuerbar sein. ABER, das eigene Verhalten kann sehr wohl kontrolliert und gesteuert werden (so lange man sich nicht selber in Hochanspannung befindet). Somit haben PädagogInnen immer Einfluss darauf, wie schnell und heftig eine Eskalation vonstatten geht.
Kontrolliertes Verhalten setzt voraus, dass man sich des eigenen Verhaltens (Handlungsmuster, Kommunikationsmuster, Wahrnehmungsmuster, körperliche Präsenz) und dessen Fremdwirkung bewusst ist.
Im Folgenden werden drei unterschiedliche Eskalationsprozesse dargestellt und differenziert. Dabei liegt der Schwerpunkt der Betrachtung auf der Gestaltung der verbalen und non-verbalen Kommunikation.

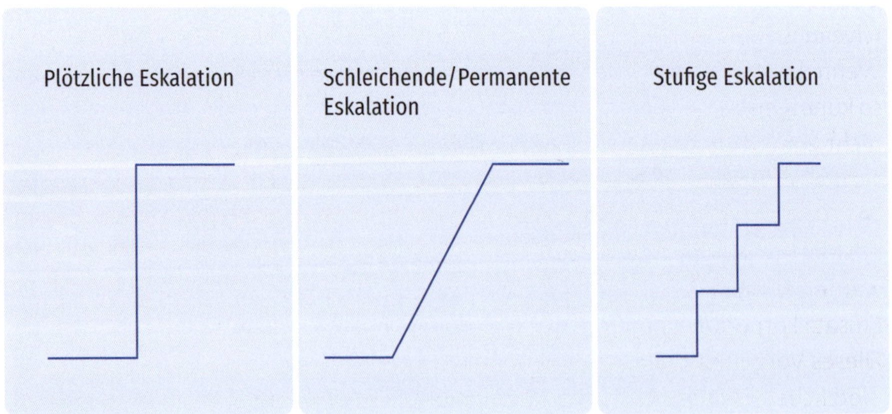

Abbildung 13

Plötzliche Eskalationen

In der Regel treten sie auf

- wenn es in kurzer Zeit zu vielen und heftigen Grenzverletzungen kommt
- wenn die Toleranzschwelle von Betroffenen schnell und deutlich überschritten wird
- wenn Betroffene sich emotional nicht auf die Situation einstellen konnten
- wenn sie sich einer Situation nicht gewachsen fühlen.

Bewusst eingesetzte plötzliche Eskalationen sind, nach Meinung des Autors, pädagogisch grundsätzlich abzulehnen. Dies liegt unter anderem daran, dass die Eskalation ohne Ankündigung stattfindet. Sie ist überraschend und kann somit selber zum Stressfaktor werden. Aufgrund der fehlenden Entwicklung bzw. Ankündigung ist ein Einlenken (gerade bei „testenden Grenzüberschreitungen") durch KuJ nicht möglich. Weiterhin wirkt eine plötzliche Eskalation für die Empfänger und auch für Zuschauer häufig übertrieben und wenig souverän.

Wichtig ist hierbei nicht nur, den Prozess zu beachten, sondern auch die Intensität der Eskalation selber. So wird das Aussprechen einer „kleinen" Sanktion wohl weniger problematisch aufgenommen werden, als wenn man direkt und ohne Ankündigung eine drakonische Sanktion ausspricht.

Schleichende Eskalation

Dieser Eskalations- und Kommunikationstyp ist schon deutlich fürsorglicher und „fairer", als der der plötzlichen Eskalation.

Mit der Zeit verändert sich das kommunikative Verhalten der sendenden PädagogInnen. Kommunizieren sie zu Beginn auf einem sehr ruhigen und gelassenen Niveau, so werden sie mit zunehmender Dauer klarer, deutlicher und direktiver. Wenn das regel- und grenzverletzende Verhalten der KuJ jedoch weiter andauert, so kündigen sie den Einsatz von Sanktionierung an. Falls die KuJ dann immer noch nicht einlenken, endet die Eskalation von Seiten der PädagogInnen damit, dass sie die betroffenen KuJ für das Verhalten sanktionieren. Ob dies unmittelbar oder verzögert geschieht ist dabei zweitrangig. Die Sanktionierung ist in diesem Fall ein Machtinstrument, mit dessen Hilfe die PädagogInnen ihre formelle Autorität wahren können. Dieses Machtinstrument ist die Grundlage dafür, dass auf den Einsatz körperlichen Zwangs verzichtet werden kann und muss.

Dieses Vorgehen bietet allen Beteiligten mehr Chancen auf Lösung, als das der plötzlichen Eskalation. Allerdings birgt auch dieses Vorgehen noch einige Eskalationsrisiken. Es gibt keine Ruhe- oder Bedenkpausen. Dadurch setzen sich die Beteiligten gegenseitig unter Druck. Sie geben sich wenig Raum, um rationale, überlegte Entscheidungen zu treffen. Wenn ein Mensch sehr großem Stress ausgesetzt ist, reduziert sich die Fähigkeit rational wahrzunehmen und zu denken erheblich (vgl. Krüger 2013, 43 ff.). Daraus folgt, dass wenn mit ansteigendem Autoritätsdruck der Stress bei den KuJ steigt, ihr Gehirn immer weniger rational arbeitet, die KuJ also immer weniger in der Lage sind, die Situation passend einzuschätzen und adäquate Lösungsmuster abzurufen. Daraus kann ein Teufelskreis werden. Vor allem dann, wenn auch die PädagogInnen mit fortschreitender Eskalation immer angespannter reagieren.

Stufige Eskalation

Die stufige Eskalation ist im Prinzip vergleichbar mit der schleichenden Eskalation. Es gibt jedoch einen entscheidenden Unterschied.

Der Eskalationsprozess wird immer mal wieder unterbrochen. Man verweilt inhaltlich und auch mit dem Kommunikationsstil auf der aktuellen Eskalationsstufe. Es werden Pausen eingebaut, in denen alle Beteiligten kurz zur Ruhe kommen können (oder sich zumindest ein wenig beruhigen). Solche Pausen können unterschiedlich lang sein. Manchmal passt es, sich abzuwenden und erst einmal mit dem weiterzumachen, was gerade dran war. Machmal ist es passender, vor Ort zu bleiben, aber den Blickkontakt und die verbale Kommunikation zu unterbrechen usw. Die Konsequenz einer solchen Unterbrechung ist, dass alle Beteiligten nun eine größere Chance haben, überlegter handeln zu können. Dies wird vor allem dann relevant, wenn die Beteiligten durch den Konfliktverlauf schon stark gestresst wurden. Sie sind nun aufgrund ihrer aktuellen hormonellen Lage nicht im Vollbesitz ihrer geistigen Fähigkeiten. Durch das Einbauen einer Unterbrechung steigt die Chance, dass das Denkgehirn (später mehr dazu) der Beteiligten wieder „freigeschaltet" wird und diese wieder in die Lage versetzt werden, klar zu denken (vgl. Rhode & Meis 2006, 151). Falls die Eskalation nun weiter vorangetrieben wird, so ist dies eher ein überlegter Prozess, für den man dann später auch „besser" die persönliche Verantwortung übernehmen kann.

Vielleicht kann die folgende Metapher dabei helfen, den Unterschied zwischen der schleichenden und der stufigen Eskalation zu veranschaulichen:
Sie stehen vor einer Treppe, neben der eine Rolltreppe verläuft. Beide starten und enden auf dem gleichen Level. Wenn sie sich nun blind auf die Treppe begeben und sich vornehmen auf Höhe der z. B. 10 von 25 Stufen die Augen wieder zu öffnen,

dann wird Ihnen das wahrscheinlich gelingen, da sie jeden einzelnen Schritt bewusst machen und nachvollziehen können.
Wenn Sie sich blind auf die Rolltreppe begeben, dann werden sie Schwierigkeiten dabei haben, auf der 10. Treppenstufe die Augen zu öffnen. Dies liegt daran, dass der Aufstieg nicht bewusst passiert.

5. „Kontrolliert-deeskalative Konfrontation/Grenzsetzung“

Wenn wir mit Menschen kommunizieren, senden wir, wie schon in Kapitel A, Abschnitt 2 benannt, auch auf allen 4 Kanälen der Nachricht. Dies gilt sowohl für die verbalen als auch besonders für die non-verbalen Anteile einer Nachricht.
In der alltäglichen und oft unreflektierten Konfliktkommunikation werden ganz besonders häufig die Beziehungsseite und die Appellseite einer Botschaft hervorgehoben. Die gesendeten Nachrichten werden dabei von den EmpfängerInnen (sofern sie sich durch die Nachricht „angegriffen“ fühlen) tendenziell unverhältnismäßig stark in Richtung potenzieller Beziehungsaussagen und Appelle der Sender analysiert und interpretiert. Ob die Sender tatsächlich diese Fokussierung im Sinn hatten ist dabei nicht relevant. Bei wem liegt nun der „Fehler“? Sicherlich tragen beide Seiten einen Teil der Verantwortung. Gerade wenn die Sender professionelle PädagogInnen und die EmpfängerInnen angespannte KuJ sind, tragen die Sender einen bedeutsamen Teil der Verantwortung. Sie sollten aufgrund ihrer Ausbildung in der Lage sein, ihre Nachrichten möglichst passgenau zu formulieren und evtl. auftretende Missverständnisse zu erkennen und auszuräumen. Damit sollten professionelle PädagogInnen in der Lage sein, Grenzziehungs- und Konfrontationskommunikation so zu gestalten, dass die oben beschriebenen Missverständnisse so wenig wahrscheinlich wie möglich werden.
Je besser sich die PädagogInnen und die KuJ kennen, desto besser sind wohl auch die Voraussetzungen für eine gelingende Verständigung, da alle Beteiligten einiges über die kommunikativen Muster der InteraktionspartnerInnen wissen.

Wenn PädagogInnen, unter Berücksichtigung der in Kap. A, Abschnitt 2 und 2.1 genannten Prinzipien, einen KuJ mit einer Grenzüberschreitung bzw. einem Regelbruch konfrontieren und eine Verhaltensveränderung bewirken möchten, dann können sie das nach folgendem Muster tun:

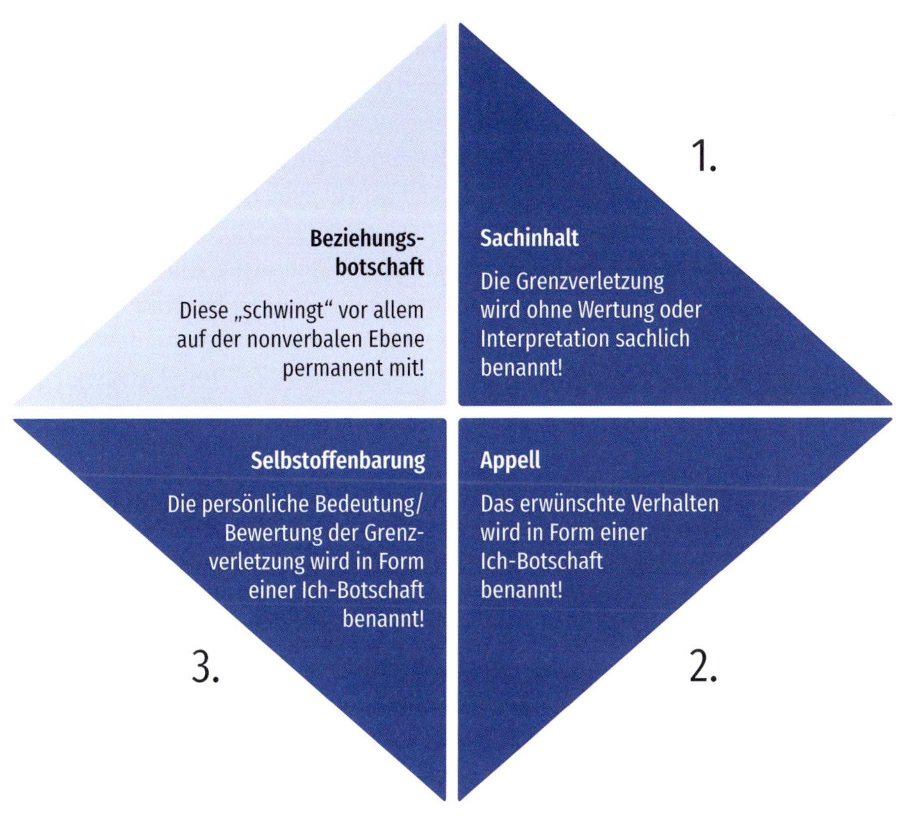

Abbildung 14

In der üblichen Alltagsskommunikation beginnen die Sender die Botschaft häufig mit einer Wertung (z. B. „Ich finde es nicht in Ordnung …“ oder zum Teil noch deutlicher „Es kotzt mich total an …“). Ein solcher Einstieg ist sehr emotionsgeladen und kann zu einer ungünstigen Belastung für den weiteren Kommunikationsverlauf werden. Die Frage ist, ob man das will?!

Günstiger erscheint es, zuerst Kontakt aufzubauen und dann explizit mit der Sachbotschaft zu beginnen, dann die persönliche Wertung zu formulieren und zuletzt den Appell auszusprechen. Wenn man die einzelnen Botschaften dann noch deutlich durch eine Pause voneinander trennt, gibt man den Empfängern ein faire Chance, diese zu verstehen und einzuordnen.

Der Einstieg mit dem Sachaspekt gibt dem Empfänger den Hinweis, worum es geht. In der Regel entwickeln die Empfänger dann schon eine Vorahnung, worum es im weiteren Verlauf des Gespräches gehen wird. Sie bekommen somit einen kurzen Moment Zeit, sich emotional und kognitiv vorzubereiten.

Nicht selten reicht es sogar aus, „nur" den Sachaspekt explizit zu benennen. Wenn die Empfänger um die Wertung (z. B. „O.K." vs. „nicht O. K.") der Situation wissen, dann hören sie in der expliziten Sachbotschaft auch schon die Wertung und den Appell der Sender, ohne dass die Sender diese noch explizit benennen müssen. In vielen Fällen reicht die Kontaktaufnahme plus die Formulierung des Sachaspektes aus, um eine Verhaltensveränderung zu erwirken. Z. T. reicht auch nur die Kontaktaufnahme (z. B. Namensnennung) mit einer entsprechenden Mimik und Tonlage.

Auch wenn es zunächst etwas befremdlich wirkt, sich konsequent an die Reihenfolge zu halten, so macht es dennoch Sinn. Gerade im Grenzbereich zur „orangenen Phase" ist davon auszugehen, dass die emotionale Vorspannung der Beteiligten entscheidenden Einfluss auf ihre Sende- und Wahrnehmungskompetenzen hat. Dadurch fühlen sie sich tendenziell schneller persönlich angegriffen, herausgefordert etc.

Wenn die KuJ nach Formulierung der Botschaft keine nennenswerte Veränderung in ihrem Verhalten zeigen, kann der Appell wiederholt werden. Ob man die Wiederholung des Appells in derselben Statusform formuliert, oder ob man einen „Schritt nach oben" geht, ist abhängig von der jeweiligen Situationseinschätzung.

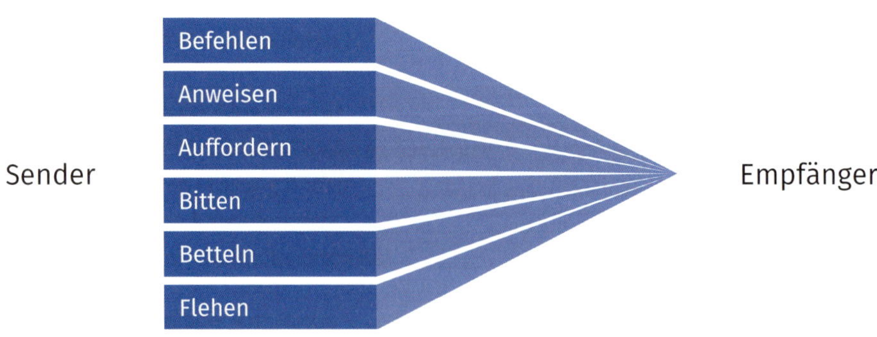

Abbildung 15

Das in Kapitel B, Abschnitt 4 vorgestellte Modell der stufigen Eskalation wird hier auch (gemäß der Kapitelüberschrift) *„Kontrolliert eskalierende Konfrontation/Grenzsetzung“* genannt.

Abbildung 16

Dieses Modell zeigt unterschiedliche Intensitätsstufen, mit denen KuJ bezüglich unerwünschtem oder unerlaubtem Verhalten konfrontiert werden können. Mit Hilfe dieses Modells kann es einfacher fallen, sich bewusst und angemessen in eine Konfrontation mit KuJ hineinzubegeben. Je passender „die Stufe“ für die Gesamtsituation ist und je besser die persönliche verbale und non-verbale Kommunikation zueinander passen, desto größer wird die Wahrscheinlichkeit sein, dass die Botschaft auch so bei den Empfängern ankommt, wie sie von den Sendern gedacht ist.

Bei der Auswahl des Konfrontationslevels sollte folgender Grundsatz beachtet werden: Der von der Konfrontation/Intervention ausgehende „Reiz" sollte nicht intensiver sein, als die Störung, gegen die er gerichtet ist (vgl. Walbert 2010, 8).

Mit Blick auf den kommunikativen Status ist es so, dass PädagogInnen als legitimierte Autorität im Falle einer Konfrontation eines regel- oder grenzverletzenden Verhaltens immer oberhalb der Bitte arbeiten. Dies erklärt sich dadurch, dass im Falle einer Bitte die Empfänger das Anliegen der PädagogInnen konsequenzfrei ablehnen dürfen. Diese Konsequenzfreiheit ist im Fall von Regelverletzungen sicherlich nicht angemessen. Natürlich kann man sich des Wortes „Bitte" bedienen, um die Aufforderung so angenehm wie möglich (und dadurch vielleicht eher erfüllbar) zu machen. Dabei kommt es sicherlich nicht nur auf das Wort an, sondern vor allem darauf, wie es ausgesprochen wird.

Bei einem Regelverstoß hängt die Überzeugungskraft einer Autorität vor allem an einem überzeugend souveränen Auftreten und nicht an überzeugenden Argumenten!

Im Folgenden werden die einzelnen Stufen genauer erläutert:

Stufe 1: „Kontaktaufnahme und gelassene sowie indirekte Konfrontation"
Der erste Schritt ist die Kontaktaufnahme. Wenn man gar nicht mit den KuJ in Kontakt kommt, dann funktioniert auch die Übermittlung von Botschaften nicht sicher. Demnach wird man also erst „inhaltlich", wenn der Kontakt besteht. Dann können sich die Sender auch sicher sein, dass die Empfänger zumindest akustisch mitbekommen, was sie zu sagen haben.
Die effektivste, körperlose Form der Kontaktaufnahme ist wohl die Namensnennung der angesprochenen KuJ. Ist dies aus Unkenntnis des Namens nicht möglich, bedarf es anderer Signalwörter, wie z. B. „Hey", „Hallo", ... Natürlich kann man auch körperlich Kontakt aufnehmen (z. B. Antippen). Dabei sollte man aber immer

bedenken, dass eine körperliche Berührung von den KuJ als sehr unangenehm, oder im schlimmsten Fall als Angriff wahrgenommen werden kann. Diese Wahrscheinlichkeit steigt an, wenn die KuJ emotional (hoch-)angespannt sind. Wenn Körperkontakt nötig erscheint, dann empfiehlt es sich, an möglichst „unproblematischen" Körperbereichen Kontakt aufzubauen. Dies könnten z. B. die Schulter oder der Arm sein, und dabei sollte man immer auf eine körperliche Abwehrreaktion der KuJ gefasst sein (mehr dazu später in Abschnitt C).
Die Intensität der Kontaktaufnahme sollte grundsätzlich an die Situation und an die Verfassung der KuJ angepasst werden. Wenn diese sehr ruhig sind, dann kann man selber auch ruhig kommunizieren. Wenn die KuJ, oder die Umgebung, sehr laut und aufgeregt sind, dann kann es sinnvoll sein, sich diesem Kontext anzupassen. Sicherlich ist es ratsam, in der Intensität der Kontaktaufnahmen eher etwas zurückhaltender zu sein, denn intensiver werden kann man ja immer noch. Steigt man (aus Sicht der KuJ) zu intensiv ein, kann das schon zur Belastung werden. Sollte Gefahr im Verzug sein, ist es angebracht, direkt auf einem hohen Intensitätslevel einzusteigen, um keine Zeit zu verlieren. Somit hängt die Entscheidung für die angemessene Intensität der Kontaktaufnahme von der Situationseinschätzung ab (vgl. Kapitel B, Abschnitt 1).
Wichtig: Hier geht es ausschließlich um die Kontaktaufnahme! Hier werden noch keine inhaltlichen Botschaften formuliert. Es geht „nur" darum, von den KuJ wahrgenommen zu werden.
Sollte der Kontakt zu den Empfängern zwischendurch abbrechen, egal warum, dann ist es wichtig, diesen erst wiederherzustellen bevor man inhaltlich fortfährt. In manchen Fällen kommt es vor, dass die Empfänger den Kontakt bewusst blockieren (z. B. durch Ignorieren oder Weggehen) oder die PädagogInnen nicht wahrnehmen können. Im ersten Fall ist es so, dass der Kontakt eigentlich schon besteht, denn das Ignorieren etc. ist eine bewusste Reaktion auf unsere Kontaktaufnahme. In diesem Fall stellen die KuJ direkt die Sicherheit und persönliche Autorität der PädagogInnen auf die Probe. Das Einfordern und Durchsetzen des bestätigten Kontaktes ist somit der erste Schritt. Damit ist nicht gemeint, dass die KuJ zu Augenkontakt mit der Autorität gezwungen werden. In dieser leider noch recht gängigen Praxis lauert eine unangemessene und häufig unnötige Machtdemonstration von Seiten der PädagogInnen.
Grundsätzlich ist es sehr empfehlenswert, bei der Kontaktaufnahme den Namen der Adressaten zu nennen (vgl. Dutschmann 2003, Nr. 44, 53). Dies macht die Botschaft deutlich konkreter. Der Name eines Menschen ist ein so persönlicher Anteil, dass es nicht so leicht fällt, diesen zu ignorieren. Kommt trotz aller Bemühungen kein konstruktiver Kontakt zwischen den PädagogInnen und den KuJ zustande,

kann hier mit der Technik der Verzögerung (vgl. Kapitel B, Abschnitt 7) reagiert werden.

Gerade wenn man mit neuen KuJ in Kontakt kommt, ist es sehr hilfreich und bedeutend, deren Namen schnell und sicher zu erlernen. Dies verschafft Ihnen die Möglichkeit zur schnellen und effektiven Kontaktaufnahme. Sie werden dadurch sozial handlungsfähiger!

Achtung: Wenn die PädagogInnen die „Blockade“ persönlich nehmen, kann es schnell zu einer Beschleunigung der Eskalation kommen, vor allem wenn es ZuschauerInnen gibt.

Die Chance dieser Stufe liegt darin, dass die Konfrontation beiläufig und nicht öffentlich abläuft. Durch das Ausbleiben der „Veröffentlichung“ vermeidet man die Situation, dass durch die Aufmerksamkeit Dritter eine Drucksituation für die Beteiligten entsteht. Die PädagogInnen reduzieren somit bewusst die Wahrscheinlichkeit, dass es zu Gesichts- oder Statusverlust bei den Beteiligten kommt. Des Weiteren wird die Situation nicht überbewertet. Die Autorität gibt zu verstehen, dass sie die Sache im Griff hat, da sie auf intensivere Machtdemonstrationen verzichtet. Sie geht davon aus, dass die KuJ folgen. Damit formuliert sie auch indirekt das Vertrauen in die Einsichts- und Kooperationsfähigkeit und -Bereitschaft der Empfänger.

Wenn KuJ Ihre Kontaktaufnahme in Stufe 1 blockieren, wechseln Sie in die nächste Stufe und konfrontieren Sie die Blockade selber.

Für die KuJ ist es i. d. R. auch einfacher, mit solchen Botschaften umzugehen, vor allem wenn es sich bei den Regelverletzungen um „Kleinigkeiten“ handelt. Sie fühlen sich dann eher nicht unangemessen herumkommandiert. Die Wahl der „Stufe“ gibt auch Auskunft darüber, wie der Kontext (z. B. die Grenzverletzung) von den PädagogInnen bewertet wird. Gibt es hier große Differenzen zwischen der Wertung der Autorität (steigt z. B. mit einer „Anweisung“ ein) und der der KuJ (für sie war das eine Kleinigkeit und auch nicht „extra“), dann birgt dies zusätzliches Konfliktpotenzial.

Botschaften auf Stufe 1 sind absolut frei von Beschuldigung und Wertung. Auch das entlastet. Es geht ausschließlich um Verantwortung.
In der Stufe 1 werden keine direkten Verhaltenserwartungen formuliert. In vielen Fällen können Botschaften sogar komplett ohne Worte transportiert werden. Diese können z. B. ausschließlich in Form von Blicken gesendet werden (vgl. Dutschmann 2003, Nr. 44, 52).
In der Regel sind sich KuJ dessen bewusst, was sie gerade tun. Durch einen auffordernden Blick werden die KuJ darauf aufmerksam gemacht, ihr Handeln zu überprüfen. Durchaus häufig fällt ihnen dann auf, dass ihr Handeln gerade von der Autorität als nicht angemessen eingestuft wird. Sie können jetzt eine bewusste Entscheidung dazu treffen, ob sie das Verhalten ändern oder beibehalten.
Die indirekte Konfrontation arbeitet mit Präsenz (vgl. Omer & von Schlippe 2015, 220 ff.). So kann man neben dem Blickkontakt auch mit räumlicher Nähe arbeiten (vgl. Dutschmann 2003, Nr. 45, 49), indem man sich dem betroffenen KuJ nähert und kurz ganz in seiner/ihrer Nähe verweilt. Das Präsentwerden der Autorität kann in diesem Fall der entscheidende Impuls für die KuJ sein, sich der eigenen Handlung bewusst zu werden und diese evtl. zu verändern, ohne dass ein entsprechender Appell ausgesprochen wurde. Zur Verhaltensveränderung bleibt den Empfängern dabei verhältnismäßig viel Zeit und Spielraum, da es noch keine expliziten Forderungen oder Aufträge gibt.
Natürlich gibt es immer auch die Erfahrung, dass man auf KuJ trifft, die Spaß an der Auseinandersetzung mit den PädagogInnen haben und bei denen „nichts hilft" … Aber selbst wenn es bei diesen „Härtefällen" nur in 10% der Situationen auf Stufe eins zu einem Einlenken kommt, dann ist das doch schon eine bedeutsame Entlastung, sowohl für die Autorität als auch für die Beziehung zwischen den PädagogInnen und den KuJ.
Neben der direkten Interaktion mit den grenzverletzenden KuJ, sollte man auch immer die Auswirkung des eigenen Verhaltens im Blick/Sinn haben. Andere KuJ werden häufig Zeuge dieser Interaktionen. Die PädagogInnen stehen dann unter besonderer Beobachtung. Wenn Sie in dem Konflikt souverän und sicher wirken, dann kann das über die Situation hinaus eine wichtige Wirkung erzielen, selbst wenn die Regelverletzenden KuJ in der Situation selber nicht einlenken. Genauso kann ein unkontrolliertes, überzogenes oder unsicheres Verhalten die Autorität und Souveränität der PädagogInnen schädigen.

Stufe 2: „Entspannte Konfrontation"
Zu diesem Zeitpunkt wird die Grenz- oder Regelverletzung das erste Mal konkret benannt. Hier sollte man sich an die Grundprinzipien der deeskalativen Grenz-

ziehung (vgl. Kapitel B, Abschnitt 3) halten. Das Ziel ist es, diese Botschaft frei von anspannungsauslösenden Reizen zu halten. Dazu muss man sich evtl. selber auf den Grad der persönlichen Anspannung hin überprüfen, damit man nicht ungewollt doch anweisende, abwertende, anklagende Signale sendet.
In dieser Stufe wird noch bewusst auf die Formulierung eines Appells verzichtet. Man beschränkt sich auf die Formulierung von expliziten Sachbotschaften und Wertungen bzw. Selbstoffenbarungen.
Ein Beispiel:
Ein KuJ, das/der gerade durch das Erzeugen von Geräuschen den Unterricht oder ein Gespräch stört, kann so auf den Störungscharakter der Geräusche aufmerksam gemacht werden. *„Tanja, ich bin hier gerade in einem Gespräch, welches mir sehr wichtig ist. Deine Geräusche lenken mich dabei ab. Ich brauche für das Gespräch Ruhe."* Wichtig ist, dass auch auf der non-verbalen Ebene keine Aufforderung- bzw. Befehlsimpulse auftreten (z. B. anweisende Stimme, scharfer Blick, schnelle Bewegungen, ...).
Man sendet explizit eine Sach- und Selbstoffenbarungsbotschaft. Die Appell- und Beziehungsbotschaften sind implizit. Sie werden also nicht formuliert oder anderweitig betont.

Abbildung 17

Bei diesem Vorgehen überlässt man es dem KuJ, den verdeckten Appell umzusetzen. Wenn nun die KuJ ihr Verhalten verändern, dann können sie für sich bean-

sprüchen, dies aus freien Stücken getan zu haben. Dies ist gerade mit Blick auf das Bedürfnis von Menschen nach Kontrolle, Autonomie und Selbstwirksamkeit (vgl. Grawe 2004, 185) ein wichtiger Aspekt.
Wenn man sich sicher ist, dass diese Stufe nicht ausreichen wird und man sehr wahrscheinlich auch die Stufe 3 betreten muss, dann kann man unterstützend noch folgende Botschaft vorweg schicken:
„Ich habe dir etwas mitzuteilen und ich bin mir sicher, dass dir das nicht gefallen wird!"
Durch diese Information können sich die KuJ emotional auf das Folgende einstellen. Der unangenehme Reiz der Konfrontation trifft sie also nicht unvorbereitet. Dies ist insoweit hilfreich, als dass unangenehme Reize weniger unangenehm sind, wenn man sich auf sie einstellen kann. Dazu kommt hinzu, dass die KuJ mitbekommen, dass sich die PädagogIn im Vorfeld empathisch in ihre emotionale Situation hineinversetzt hat. Auch das kann eigentlich nur förderlich im Sinne der Deeskalation sein.

Stufe 3: „(Freundliche) Aufforderung"
Hier werden die KuJ mit einer konkreten Erwartung an Verhaltensänderung konfrontiert. Diese Botschaft sollte inhaltlich klar und deutlich formuliert sein. Benutzen Sie dabei positive Aussagen. Sagen Sie, was die KuJ konkret tun sollen und nicht, was sie nicht tun sollen (vgl. Dutschmann 2003, Nr. 44, 28). Wenn es mehrere Dinge gibt, die im Verhalten der KuJ „nicht O. K. sind", empfiehlt es sich, sich bei den Forderungen nach Veränderungen auf das Wesentliche zu beschränken und nicht zu viel Veränderung auf einmal zu verlangen. Außerdem müssen die KuJ auch (situativ) die notwendigen Kompetenzen besitzen, um das geforderte Verhalten zeigen zu können.
Auf dieser Stufe verzichtet man noch bewusst darauf, den Beziehungsaspekt zu betonen. Dieses Ohr ist bei den Empfängern ohnehin sehr aktiv. Eine sachliche und defensive Formulierung sendet folgende Beziehungsbotschaft: *„Ich nehme dein Verhalten nicht persönlich. Ich bin nicht an einem Machtkampf und nicht an einem persönlichen Streit interessiert. Ich gebe dir die Option, die Situation ohne Gesichtsverlust zu beenden. Du musst aber auch wissen, dass ich ein Fortführen deines Verhaltens nicht tolerieren werde!"*

Selbstbeherrschung ist ein Zeichen von Stärke und Souveränität! Es bedeutet NICHT Schwäche und Handlungsunfähigkeit!

Abbildung 18

Der Zusatz „freundlich" soll darauf hinweisen, dass es noch nicht nötig und nicht hilfreich ist, an dieser Stelle schon mit expliziten Macht- und Ärgersignalen zu arbeiten. Auch wenn in dieser Stufe das Wort „Bitte" benutzt wird, tun man dies nicht, um wirklich eine Bitte zu formulieren. Dies würde man nur dann tun, wenn ein „Nichtfolgen" der aufgeforderten KuJ konsequenzfrei hingenommen würde. Das trifft jedoch nicht zu, wenn PädagogInnen auf Stufe 3 kommunizieren. Das Wort „Bitte" soll es den aufgeforderten Personen lediglich einfacher machen, die Botschaft anzunehmen. Abseits der Wortwahl kann folgender Tipp hilfreich sein: „Wenn wir die Stimme bei den letzten zwei drei Silben eines Satzes senken und dabei gleichzeitig die Lautstärke leicht reduzieren, unterstützen wir die auffordernde Wirkung des Gesagten und nehmen den Befehlston raus" (Rhode & Meis 2006, 134).
Wenn die aufgeforderten KuJ sich weiterhin rechtfertigen möchten oder diskutieren wollen, ist es in dieser Stufe sicherlich angemessen, dies freundlich aber bestimmt zu unterbinden. Dies wird bei den KonfliktpartnerInnen nicht immer auf Gegenliebe stoßen. Dessen sollte man sich bewusst sein, dann kann man auch mit den möglicherweise dazukommenden Emotionen kontrollierter umgehen. Wenn die KuJ ärgerlich auf die Begrenzung reagieren, dann lassen sich die PädagogInnen dadurch nicht provozieren. Sie bleiben bei ihrer Aussage. U. U. könnten sie zusätzlich noch die Emotion der KuJ spiegeln, z. B. *„Ich sehe dass du wütend bist!"*.

Damit würden sie signalisieren, dass sie den Ärger sehen und akzeptieren, aber dennoch gerade nicht verhandlungsbereit sind.
In dieser Stufe kann auch schon mit einer vorsichtigen Variante der „*Kaputten Schallplatte*“ (siehe unten) gearbeitet werden. „Vorsichtig“ meint, dass die KuJ ihre Argumente und Meinungen benennen können, die PädagogInnen jedoch nicht mehr inhaltlich darauf eingehen. Stattdessen wiederholen sie ihre Handlungsaufforderung in unterschiedlicher Weise.
Die *Kaputte Schallplatte* ist eine Kommunikationstechnik, die dann angewendet werden kann, wenn man sich nicht (mehr) auf Diskussionen einlassen und gleichzeitig Beharrlichkeit und Nachdruck demonstrieren will.

Die Technik der „kaputten Schallplatte“: Man beschränkt sich in der Kommunikation darauf, immer wieder die wichtige Kernaussage einer Botschaft (z. B. die Aufforderung) zu wiederholen. Dies kann sowohl sinngemäß als auch wortwörtlich geschehen. Zu Beginn ist es ratsam, eine sinngemäße Wiederholung einzusetzen. Eine radikale wortwörtliche Wiederholung kann durchaus als Eskalationsbeschleuniger wirken. Je häufiger man die Botschaft wiederholen muss, desto länger kann man die Pausen zwischen den Wiederholungen gestalten. In den Pausen kann man die Wirkung der Worte durch entsprechende körpersprachliche Botschaften (z. B. Blicke, Fingerzeige, ...) unterstreichen. Wie oft mit Hilfe dieser Technik das Kernanliegen wiederholt wird, entscheiden die PädagogInnen. Wenn die Wiederholung zu häufig formuliert wird, kann es sein, dass die Technik dadurch ihre Wirkung verliert.

Beispiel:
Ich möchte, dass du das Handy weglegst!
... Das Handy kommt bitte weg!
... Leg das Handy bitte weg!
... Leg das Handy weg!
... Handy ... weglegen!
... Weglegen!

Ein weiterer Nutzen der Technik ist, dass man sich durch die reine Wiederholung der Kernforderung selber davor schützt, im Verlauf eines Konfliktes ungünstige bzw. unpassende Formulierungen zu treffen.
Sollten die PädagogInnen während dieser Phase bereits starke Emotionen, wie z. B. Wut oder aggressive Gedanken, bei sich spüren, ist es empfehlenswert, an dieser Stelle einen passenden Ausstieg zu finden und nicht weiter im Konfliktge-

schehen zu bleiben. Die Gefahr, dass dieser Konflikt durch ihre eigenen Emotionen und Gedanken unkontrolliert eskaliert wird, ist zu groß (vgl. Rhode & Meis 2006, 141). Die Fortsetzung der Auseinandersetzung wird in diesem Fall auf unbestimmte Zeit verschoben.

Stufe 4: „Direktive Anweisung"
In dieser Stufe verbleibt man nicht sehr lange. Diese Stufe bietet den KuJ eine letzte Gelegenheit, um sich zu entscheiden, bevor Konsequenzen ausgesprochen werden.
Wenn die KuJ jetzt einlenken, dann kann das für sie mit der Gefahr des Gesichtsverlustes verbunden sein. Die Gefahr ist besonders groß, wenn ZuschauerInnen anwesend sind, oder wenn die Autoritäten das Einlenken der KuJ mit Aussagen wie *„Warum nicht gleich so?!"*, *„Wurde ja auch Zeit!"* kommentieren. Aus diesem Grund ist die Quote der KuJ, die in dieser Stufe noch einlenken, recht gering. Umso wichtiger ist es, auch in dieser Stufe auf persönliche Machtinstrumente und potenziell erniedrigendes Verhalten zu verzichten.
Die gesprochenen Botschaften sind in dieser Stufe kurz und klar verständlich, jedoch weiterhin frei von Beschuldigungen und Pauschalisierungen.

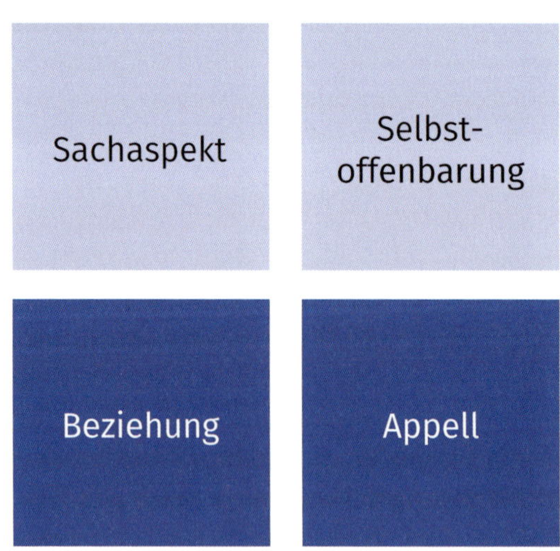

Abbildung 19

In dieser Stufe kann die *„Kaputte Schallplatte“* (vgl. Stufe 3, S. 85) sehr konsequent eingesetzt werden. Der Einsatz der Technik führt automatisch zu einer Reduktion der Worte. Dies ist in Situationen erhöhter Anspannung zusätzlich hilfreich, da mit der steigenden Anspannung der KuJ auch deren Informationsverarbeitungsfähigkeit sinkt. Empfehlenswert ist es dabei, die verbale Botschaft durch eine entsprechend klare Gestik und Mimik zu unterstützen. Dabei sollten die Sender aber sehr genau darauf achten, dass sie nicht bedrohlich oder provokant wirken. Es unterstützt die Standhaftigkeit und Nachdrücklichkeit der PädagogInnen, wenn sie sich nicht zu schnell und zu oft wiederholen. Die Pausen zwischen den Wiederholungen können ruhig einige Sekunden dauern. Um noch mehr Präsenz und Entschlossenheit zu demonstrieren bleibt der Blickkontakt bestehen, ohne die KuJ zum Blickkontakt zu zwingen. Ganz wichtig ist, sich in Stufe 4 strikt nicht mehr auf Diskussionen einzulassen. Mit dieser Technik zeigen PädagogInnen nach außen ein großes Maß an Entschlossenheit, Beharrlichkeit, innerer Stärke und Souveränität.
Die KuJ werden spätestens hier merken, dass die Sender es „ernst meinen“. Jetzt können die KuJ im Rahmen einer „Kosten-Nutzen-Analyse“ überprüfen, ob sich eine weitere Konfrontation für sie lohnt. Eine solche Analyse ist natürlich nur dann möglich, wenn die KuJ nicht zu sehr gestresst sind. Daher ist es hilfreich, in dieser Phase die schon erwähnten „längeren“ Pausen einzubauen, damit die KuJ die Option bekommen, nachzudenken und abzuwägen. Wie schon in Stufe 3 sollte man hier immer auch die Möglichkeit eines geordneten Ausstiegs in Erwägung ziehen. Lieber man steigt kontrolliert aus und später wieder kontrolliert ein, als dass der Konflikt unkontrolliert und destruktiv eskaliert. Aufgeschoben bedeutet auch in diesem Fall nicht aufgehoben.

Lieber eine kontrollierte Verzögerung und Vertagung, als ein unkontrollierter / eskalierender Machtkampf!

Stufe 5: „Ankündigung“

An dieser Stelle beenden die PädagogInnen die Konfrontation. Am besten machen sie eine kurze Pause, atmen zwei-, dreimal tief durch und weisen die KuJ darauf hin, dass sie, wenn sie sich weiterhin weigern, der Aufforderung nachzukommen, im Folgenden nicht nur für die ursprüngliche Grenz- bzw. Regelverletzung (Grenzverletzung 1. Ordnung) Konsequenzen erfahren werden, sondern auch dafür, dass sie der Anweisung der Autorität nicht nachkommen (Grenzverletzung 2. Ordnung).

Diese Botschaft wird ohne große Emotion formuliert. So macht man deutlich, dass mit der Sanktion nicht das Ziel der persönlichen Vergeltung oder Machtdemonstration verfolgt wird, sondern dass sie das Werkzeug einer professionell agierenden Autorität ist. Würde die Ankündigung von Konsequenzen in großer emotionaler Erregung erfolgen, dann könnte es sein, dass dies von Dritten als unangemessen wahrgenommen und somit kritischer gesehen wird, als wenn dies mittels einer kontrollierten und ruhigen Botschaft geschieht.

Stufe 6: „Aussprache einer Konsequenz / Sanktion"
An dieser Stelle teilen die PädagogInnen lediglich mit, dass sie die Auseinandersetzung nun beenden werden und dass die KuJ eine angemessene Konsequenz für ihr grenz- bzw. regelverletzendes Verhalten erhalten werden. Die PädagogInnen müssen in diesem Fall hinnehmen, dass die KuJ evtl. weiter an dem unerwünschten Verhalten festhalten.
Wenn man schon eine entsprechend passende Konsequenz im Kopf hat, dann kann diese auch direkt genannt werden. Wenn jedoch noch keine passende Idee existiert, oder die PädagogInnen selber sehr angespannt sind, dann empfiehlt es sich, mit der konkreten Formulierung der Konsequenz zu warten (vgl. Rhode & Meis 2006, 159). Ansonsten besteht die Gefahr, dass eine Konsequenz ausgesprochen wird, die letztendlich gar nicht ausgeführt oder eingefordert werden kann, weil sie z. B. unangemessen oder rechtswidrig ist. Dies würde der Autorität der PädagogInnen sicherlich mehr schaden als nutzen.
Man kann auch einplanen, sich vor der Aussprache der Konsequenz mit KollegInnen zu besprechen. Das darf auch transparent gemacht werden. Dadurch unterstreicht man, dass die im Folgenden ausgesprochenen Konsequenzen von allen PädagogInnen mitgetragen werden.
Sollte man doch einmal eine Konsequenz formuliert haben und diese wird im Nachhinein als zu hart wahrgenommen, dann wäre es ein Zeichen von Größe, dies den KuJ gegenüber auch zuzugeben und evtl. einen Ausgleich anzubieten.
Es kommt hin und wieder vor, dass KuJ nach der Aussprache der Konsequenz doch noch einlenken. Sie haben Ihre Entschlossenheit und Beharrlichkeit evtl. falsch eingeschätzt und möchten sich nun noch möglichst „unbeschadet" aus der Affäre ziehen. Die Verlockung, dem nachzugeben, ist sicherlich sehr groß, denn dies wäre der Weg des geringsten Widerstandes. Wenn man jedoch vorher sehr ausdauernd und beharrlich nach dem Stufenmodell gearbeitet hat, wurde den KuJ schon eine faire Chance gegeben. Diese besteht nun nicht mehr. Die Entscheidung steht. Die Konsequenz wurde ausgesprochen und sollte nun auch eingefordert und umgesetzt werden.

Eine Weigerung der KuJ, die ausgesprochene Konsequenz auszuführen, würde einen erneuten Eskalationsschritt bedeuten. Wie man dann mit der neuen Situation umgehen sollte, wird hier nicht weiter thematisiert. Dies hängt zu sehr von diversen individuellen und institutionellen Aspekten ab, die hier nicht berücksichtigt werden können. In jedem Fall könnte den KuJ ein Gespräch angeboten werden, um zu klären, was dazu geführt hat, dass sie sich so konsequent oppositionell verhalten haben.

Das nachträgliche Verwässern oder Verschärfen einer Konsequenz/Sanktion schadet der Autorität.

Oft passiert es, dass KuJ sich durch Konsequenzen oder Sanktionen unbeeindruckt zeigen. Ob sie wirklich unbeeindruckt sind, ist nicht immer zu klären. Man sollte sich hierdurch nicht dazu provozieren lassen, noch härtere Sanktionen auszusprechen. Man sollte akzeptieren, dass das gewählte Maß nicht gereicht hat. Falls es zu einer erneuten Konsequenz-Aussprache kommt, kann man auf dieser Erfahrung aufbauen und eine evtl. passendere Konsequenz aussprechen.
Das Aussprechen einer unangemessen harten Konsequenz schadet der Autorität von PädagogInnen in der Regel mehr, als dass es ihr nützt. Dabei kommt es hier auf die Bewertung durch Betroffene und Außenstehende an.

„Übertrieben" harte Sanktionen können auch als Ausdruck von Hilflosigkeit einer Autorität gewertet werden!

Sind die PädagogInnen zum Zeitpunkt der Konsequenz-Aussprache selber sehr emotional, dann gibt es ein reales Risiko, dass sie in der Wahl der passenden Konsequenz nicht die nötige persönliche Distanz einnehmen können und deswegen evtl. eine unangemessene bzw. unverhältnismäßige Konsequenz aussprechen. Professionelle Autoritäten sollten in der Lage sein, das Werkzeug der Konsequenz pädagogisch gezielt und angemessen einzusetzen. Dafür ist es nötig, dass sie Konsequenzentscheidungen nicht unter dem Einfluss starker Emotionen treffen.
Es ist auch möglich, dass der „Konsequenzenkatalog" irgendwann „leer" ist. Dies sollte prinzipiell vermieden werden. Daher sollte man nicht zu inflationär mit dem Aussprechen von Konsequenzen umgehen.

Laut Nolting (2007, 218) „kann kein Zweifel daran bestehen, dass Bestrafungen aggressives Verhalten hemmen können". Eine solche Hemmung wird am ehesten bei instrumentellen Aggressionen erzielt, da eine erfolgreiche extrinsische Hemmung eine vorangegangene Kosten-Nutzen-Analyse voraussetzt. Allerdings ist die nachhaltige Wirkung von Strafe oftmals deutlich geringer als erhofft und das Risiko unerwünschter Nebenwirkungen von Bestrafung deutlich größer. So können z. B. harte Sanktionierungen bzw. Strafen selber ein aggressives Modell im Umgang mit Konflikten darstellen (vgl. Nolting 2007, 219). Außerdem haben Sanktionieren und Bestrafung in der Regel nur kurz- bis mittelfristig eine hemmende Wirkung (ebd.). Ein weiteres großes Manko von harter Sanktionierung und Bestrafung ist, dass diese selber keinerlei positiven Einfluss auf den Erwerb sozial adäquater Verhaltensweisen ausüben und sich in vielen Fällen auch noch negativ auf das Beziehungskonstrukt zwischen den Autoritäten und den sanktionierten KuJ auswirken können. Über all dies sollte man sich immer im Klaren sein, wenn in Folge von Grenz- und Regelverletzungen Sanktionen ausgesprochen werden.

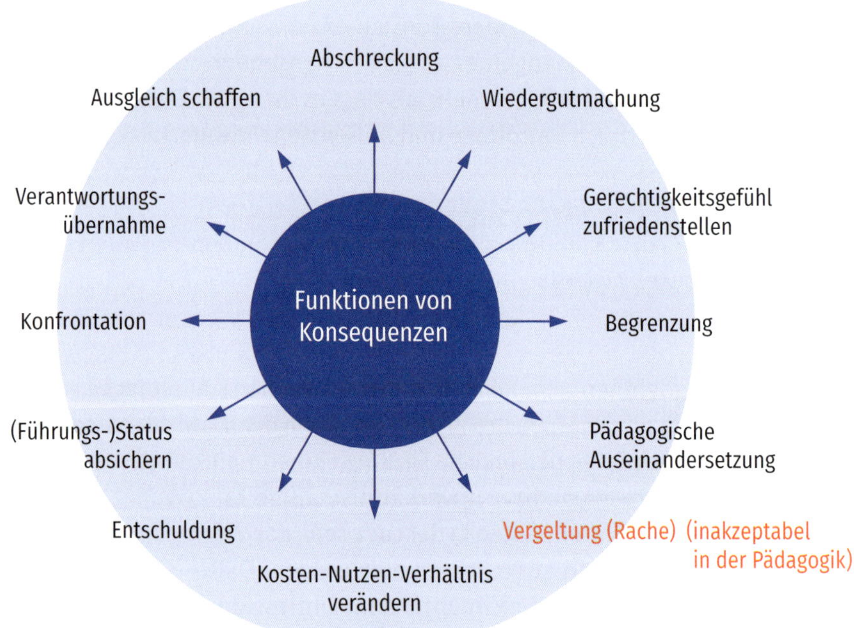

Abbildung 20

Wenn das regelverletzende Verhalten der sanktionierten KuJ auch von anderen KuJ wahrgenommen wurde, ist es ratsam, Transparenz über den Umgang mit diesem Verhalten zu schaffen (vgl. Omer & von Schlippe 2015, 198 f.). Wie umfangreich diese Transparenz sein sollte, hängt sicherlich von der „Schwere" der Grenzverletzung ab. Je schwerer und „öffentlicher" die Grenzverletzung war, desto klarer sollte über die Grenzverletzung und die Reaktion der Autoritäten berichtet werden. Durch die Veröffentlichung können potenzielle Nachahmer abgeschreckt werden. Außerdem wird durch den transparenten Umgang dokumentiert, dass man die grenzverletzenden Verhaltensweisen nicht duldet und bereit ist, sich „darum zu kümmern". Dies kann die „schweigende Mehrheit" einer Gemeinschaft dazu motivieren, die Autoritätspersonen dabei zu unterstützen, vergleichbare Fälle zu melden (so lange sie die Reaktionen der Autoritäten noch für angemessen halten). Zumindest erlangt man durch die Transparenz eine öffentlichere Auseinandersetzung mit dem Thema. Mit Blick auf den Datenschutz ist die Transparenz eher nicht problematisch, so lange die betroffenen Personen nicht bloßgestellt und sensible persönliche Daten über sie veröffentlicht werden.

Gerade in der Schule muss man bei der Wahl der Konsequenzen auch beachten, dass im Umgang mit regelverletzendem Verhalten zunächst erzieherische Maßnahmen in Form leichter Steuerungsmaßnahmen angewendet werden müssen, bevor mit intensiveren Ordnungsmaßnahmen agiert werden kann. Dies gilt auch für den Fall, dass die Wirksamkeit der Erziehungsmaßnahmen zweifelhaft ist (vgl. Hoegg 2010, 152). Wenn PädagogInnen der Meinung sind, dass es mehr braucht als Erziehungsmaßnahmen, ist es ratsam, diese nicht eigenmächtig und ohne vorhergehende Absprache mit der Leitung auszusprechen. Dadurch reduziert man das Risiko, dass die ausgesprochenen Maßnahmen im Nachhinein zurückgenommen werden müssen. Im Gegensatz zu den Erziehungsmaßnahmen sind Ordnungsmaßnahmen in Schulen Verwaltungsakte (Hoegg 2010, 153). Diese sind somit durch Widerspruch und Klage anfechtbar. Umso wichtiger ist es, dass im Vorfeld der Aussprache von Ordnungsmaßnahmen alles korrekt abgelaufen ist (auch formell!!!).

Neben der Frage nach möglichst effektiven und spürbaren Konsequenzen, sollte man auch immer der Frage nachgehen, welche Anreize (Verstärker) man den KuJ vermitteln kann, alternative und sozial akzeptierte Verhaltensweisen zu zeigen, um an dasselbe Ziel zu gelangen (vgl. Dutschmann 2003, Nr. 44, 35). Bei der Suche nach passenden Verstärkern ist es von Vorteil, wenn man eine Hypothese dazu hat, mit welchem individuellen Ziel ein KuJ eine Grenzverletzung begangen hat. Auf Grundlage dieser Hypothese können dann Alternativem zum unerwünschten Verhalten gesucht und ggf. gefunden werden. Um an diese Informationen zu ge-

langen, empfiehlt es sich, direkt mit den KuJ zu sprechen. Dieses Gespräch sollte in einem ruhigen und entspannten Moment geschehen. Hier kann die Gesprächstechnik des „Genauerns“ (mehr dazu in Abschnitt C) weiterhelfen.
Wenn es sich bei dem zu sanktionierenden Verhalten um einen schwerwiegenden Verstoß (z. B. eine gewichtige Straftat oder ein Verbrechen) handelt, sollten PädagogInnen ihre Schul- oder Einrichtungsleitung, sowie die Eltern der betroffenen KuJ informieren. Diese sind dann in der Verantwortung, die weiteren Schritte abzuwägen und einzuleiten (vgl. Hoegg 2010, 148).
Da auch rechtliche Schritte eine Form von Konsequenzen sein können, ist es evtl. interessant zu wissen, dass Kinder ab dem 7. Lebensjahr zivilrechtlich für angerichteten Schaden ersatzpflichtig gemacht werden können. Voraussetzung dafür ist, dass die KuJ die nötige Einsichtsfähigkeit in das Handeln und die entsprechenden Folgen haben (vgl. Hoegg 2010, 143).

5.1 Kommunikativer Status

PädagogInnen sollten immer wieder überprüfen, ob die Selbstwahrnehmung (z. B. „Ich sende gerade in Form einer Aufforderung“) auch mit der Fremdwahrnehmung der Empfänger (z. B. „Ich empfange deine Botschaft als Befehl“) übereinstimmt. Die Kongruenz bzw. die Passgenauigkeit zwischen Selbst- und Fremdwahrnehmung bei derselben Nachricht, kann von Person zu Person und von Situation zu Situation unterschiedlich sein.
Im Zweifelsfall werden Sender an der Reaktion (verbal + non-verbal) der Empfänger erkennen können, ob die gesendete Botschaft tendenziell so aufgenommen wurde, wie sie gedacht war.
(Konflikt-)Kommunikation kann dann besonders schnell eskalieren, wenn zwei Personen aufeinandertreffen, die versuchen, sich in ihrer Kommunikation und somit in der Außendarstellung in ihrem Hochstatus zu überbieten. Dann vollzieht sich eine symmetrische Eskalation (vgl. von Schlippe & Schweitzer 2007, 106). Solch eine Eskalation wird auch häufig als Statuswippe bezeichnet. Eine Person fühlt sich „runtergedrückt“. Sie versucht die Statuswippe wieder ins Gleichgewicht zu bringen. Dadurch fühlt sich die andere Person runtergedrückt. Nun muss sie gegensteuern. Die „Ausgleichsmaßnahmen“ übersteigen dabei meist die notwendige und verhältnismäßige Intensität und somit werden immer intensivere Bemühungen der Einzelnen nötig. So schaukelt sich der Prozess immer weiter auf. Dies geschieht besonders schnell und häufig, wenn zwei Menschen aufeinandertreffen, die nach innen einen Tiefstatus (er-)leben, nach außen hin aber einen

Hochstatus demonstrieren. Aufgrund des inneren Tiefstatus können diese Personen nur schwer aushalten, wenn sie situativ nicht den Hochstatus innehaben. Personen mit einem inneren Hochstatus fällt es leichter, die Demonstration ihrer Autorität und somit ihres Hochstatus kurzfristig zu verzögern und damit einer akuten Eskalation entgegenzuwirken.

	Innerer Status	Äußerer Status	Eskalationsrisiko in Konflikten
Typ 1	Hoch	Hoch	Gering
Typ 2	Tief	Hoch	Hoch
Typ 3	Hoch	Tief	Gering
Typ 4	Tief	Tief	Gering

Abbildung 21

Mit Blick auf diese Dynamik kann man erkennen, dass sie nur gestoppt werden kann, wenn mindestens eine Partei in der Lage ist, die Wippe dadurch zu stoppen, indem sie es aushält für den Moment in dem gefühlten Tiefstatus zu verbleiben. Viel besser ist es jedoch, wenn die Wippe erst gar nicht in Bewegung gerät. Dies ist dann möglich, wenn mindestens eine Partei sich so sicher und souverän fühlt, dass sie sich trotz der Kommunikation der anderen Partei nicht in einen Tiefstatus versetzt fühlt. Dies setzt in jedem Fall einen inneren Hochstatus voraus.

5.2 Anmerkungen zum „Stufenmodell"

- Man muss nicht bei jedem Konflikt „unten" auf Stufe 1 beginnen. Die Entscheidung „wo und wie" man einsteigt liegt bei einem selbst. Es soll jedoch darauf hingewiesen werden, dass nach Erfahrung des Autors gerade die unteren Stufen viel mehr Erfolg versprechen, als viele Menschen es vermuten würden. Eine PädagogIn, die es schafft, Regeln und Grenzen mit einem Minimum an Macht und mit einem Maximum am Respekt und Freiheit für die KuJ zu wahren, die beweist ein enormes Maß an Souveränität und wird erfahrungsgemäß auch häufiger mit mehr persönlicher Autorität versehen, als jene PädagogInnen, die schnell und häufig auf die Kommunikation der höheren Stufen zurückgreifen.

- Wenn man in eine höhere Stufe wechselt, empfiehlt es sich, dafür die verbale Kommunikation zu unterbrechen. Man macht eine kurze Pause, geht vielleicht auch kurzfristig aus dem direkten (Blick-)Kontakt, sammelt sich, passt die Körpersprache entsprechend der gewählten nächsten Stufe an und geht dann erneut in Kontakt mit den KuJ. Diese Pause verdeutlicht allen Beteiligten, dass die PädagogIn sich nun auf eine höhere Eskalationsstufe begibt. Darüber hinaus bietet die kurze Pause allen Beteiligten eine kurze Gelegenheit „durchzuatmen", sich etwas zu beruhigen und kurz zu überlegen. Im Sinne eines kontrollierten und möglichst deeskalativen Konfrontationsverlaufes ist das absolut hilfreich (vgl. Dutschmann 2013, 60).

- Nicht zu schnell in höhere Stufen wechseln! Man sollte und darf auf die Wirkung von Gelassenheit und Beharrlichkeit vertrauen (vgl. Rhode & Meis 2006, 127).
  Konflikte mit Autoritäten haben für manche KuJ eine enorm wichtige Bedeutung für den eigenen sozialen Status. Diese KuJ werden in der Regel nicht bei der ersten Konfrontation einlenken. Sie wollen sich autonom und wirksam zeigen (vor allem wenn Dritte zuschauen)!
  Wenn PädagogInnen in der Auseinandersetzung mit diesen KuJ schnell in höhere Stufen wechseln, dann werden diese KuJ voraussichtlich nicht einlenken, da sie dadurch einen großen Statusschaden erleiden können. Dies ist dann der Einstieg in eine beschleunigte und unkontrollierte Eskalation in Form eines Machtkampfes.

- Botschaften bewusst „dosieren"! Optimalerweise passt man die Botschaften sowohl in ihrer Länge als auch in der Komplexität der Sprache dem (aktuellen) Sprachniveau der Botschaftsempfänger an. Je weiter sich der Konfliktverlauf entwickelt, desto wichtiger wird es, die Botschaften auf das Wesentliche zu reduzieren. Helfen kann hier die *„Kaputte Schallplatte"*. Damit fokussiert man zum einen das Anliegen und gibt ihm somit mehr Gewicht. Zum anderen berücksichtigt man dabei, dass Botschaftsempfänger, die emotional angespannt sind, in der Regel eine eingeschränkte Dekodierungs- und Verarbeitungsfähigkeit von Botschaften besitzen (vgl. Dutschmann 2003, Nr. 44, 27; Dutschmann 2003, Nr. 45, 60).

- Mit Aufsteigen in höhere Stufen ist es realistisch, dass der Stress bei den KuJ steigt ... Wenn man dann selber in der Körpersprache deutlicher und klarer wird, kann es sein, dass dies wiederum von den „gestressten" KuJ als bedrohlich wahrgenommen wird. Hier ist also sehr reflektiertes Vorgehen gefragt.

- Wenn die konfrontierten / begrenzten KuJ während der Interaktion in Hochanspannung geraten, dann sollte in die Deeskalation gewechselt werden. Hier gilt die Formel **„Beruhigung vor Begrenzung**“. In diesem Fall würde die Grenzziehung bzw. die Konfrontation situativ beendet und evtl. auf einen späteren Zeitpunkt verschoben. Man sollte hier darauf achten, dass die KuJ nicht lernen, dass sie sich durch das Aufbauen von Hochanspannung unangenehmen Situationen entziehen können. Somit ist unbedingt darauf zu achten, dass die Begrenzung / Konfrontation zu einem späteren Zeitpunkt beendet wird und nicht „offen“ bleibt.

- Konstruktives Erfahrungslernen ist in Hochanspannungssituationen nicht möglich! „Genauso wenig wie ein Ertrinkender Schwimmen lernen kann, kann in der Krise gelernt werden.“ (Sappok & Zepperitz 2016, 31)

- Man sollte als PädagogIn bei aller Beharrlichkeit und Klarheit auch folgende Frage zulassen: „Liegt die misslingende Kommunikation vielleicht auch mit daran, dass meine Art und Weise der Vermittlung für die KuJ gerade nicht annehmbar ist?“ (vgl. Verra 2015, 105)

- Es scheint sinnvoll, mehr Zeit und Energie darin zu investieren, zu überlegen wie erwünschtes Verhalten bei den KuJ gefördert und begünstigt werden kann, als darin, wie unerwünschtes Verhalten unterbunden werden könnte. Dabei muss unbedingt der Lernfaktor Erfolg berücksichtigt werden. Das erwünschte Verhalten muss für die KuJ einen Nutzen haben. Dieser Nutzen ist in vielen Fällen: „Ich bekomme Aufmerksamkeit!“ Nehmen PädagogInnen erwünschtes Verhalten wahr und geben sie diese Wahrnehmung auch an die KuJ weiter, erleben diese einen Erfolgsmoment. Das bedeutet nicht, dass jedes „erwünschte“ Verhalten belobigt werden muss. Lob nutzt sich auch schnell ab. Man kann auch lobfrei mitteilen, dass man erwünschtes Verhalten wahrgenommen hat.

6. Aufschub und Verzögerung

Erkennen PädagogInnen während des Konfrontationsprozesses bei sich selber bzw. bei den KuJ eine ansteigende emotionale und physiologische Erregung, kann es ratsam sein, die Situation kontrolliert zu verlassen. Ob durch den Abgang die Autorität der PädagogInnen Schaden nimmt, hängt nach Meinung des Autors nicht vom Weggehen an sich ab, sondern von der Art und Weise, wie man weggeht und später „wiederkommt". Das Weggehen ist in dem Fall eine bewusste und vielleicht sogar strategische Entscheidung, mit der man gezielt deeskalieren will. Damit befinden sich die weggehenden PädagogInnen immer noch in der Steuerung. Unterstützt werden kann der Abgang mit folgender Botschaft: *„Ich bekomme mit, dass wir hier nicht weiterkommen und dass ich immer mehr Ärger empfinde. So habe ich keine Lust weiterzumachen. Ich gehe jetzt aus der Situation und überlege mir (evtl. mit anderen KollegInnen) wie ich/wir mit deinem Verhalten weiter umgehe(n), DENN DAS, WAS DU GERADE MACHST, FINDE ICH ÜBERHAUPT NICHT IN ORDNUNG!!"*
Gerade der letzte Teil-Satz soll die KuJ moralisch-emotional „belasten", damit klar wird, bei wem die Verantwortung für die Eskalation gesehen wird.
Dieser „Aufschub" (vgl. Omer & von Schippe 2015, 57 f.) bzw. diese „Verzögerung" dient vor allem der Deeskalation der akuten Situation. Nachdem sich die Beteiligten wieder beruhigt und gedanklich gesammelt haben, kann das Gespräch fortgesetzt werden. In der Fortsetzung geht es darum Folgendes zu klären:

- Aus welchem Grund haben die KuJ sich über die bestehende Regel/Grenze hinweggesetzt? (Grenzverletzung 1. Ordnung) Es ist dabei durchaus sinnhaft herauszufinden, warum sich ein KuJ konkret über eine Regel hinweggesetzt hat.
- Darüber hinaus sollte geklärt werden, warum dem Appell der PädagogIn nicht Folge geleistet wurde (Grenzverletzung 2. Ordnung).
- Im Anschluss ist zu klären, welcher Schaden für wen entstanden ist. Dabei kann zwischen physischen, psychischen, materiellen und sozialen Schäden unterschieden werden. Wenn der Schaden besprochen ist, dann ist zu klären wer in welcher Form Verantwortung für die Schadensentstehung und den Schadensausgleich übernehmen muss.
- Schlussendlich ist es ratsam mit den KuJ zu besprechen, wie eine solche Situation zukünftig vermieden werden kann.

6.1 Rückführung in das soziale Netz

Wenn andere KuJ sehen oder davon hören, dass eine PädagogIn mit „Aufschub" arbeitet, dann kann es sein, dass sie dieses strategische Verhalten fälschlicherweise als Schwäche der PädagogIn oder gar als Zustimmung zum grenzverletzenden Verhalten des KuJ interpretierten. In diesem Fall wäre die Autorität der betroffenen PädagogIn durchaus gefährdet. Dann ist es ratsam, die „Zeugen" über den Grund für die Verzögerung aufzuklären und sie über die Ergebnisse des „Folgegespräches mit dem grenzverletzenden KuJ" zu informieren. Dabei ist es wichtig, dass sowohl die betroffenen PädagogInnen als auch die beteiligten KuJ an der Rückführung in das soziale Netz teilnehmen. So gibt es nur eine Botschaft und damit mehr Klarheit. Wenn nur die PädagogInnen informieren, dann besteht durchaus das Risiko, dass die grenzverletzenden KuJ im Nachhinein ihre eigene Version verbreiten. Dies kann zu Unklarheiten und weiteren Spannungen führen. Vor dem Rückführungsgespräch wäre zwischen den beiden Parteien zu klären, wer was vor der Gruppe sagt.

Um das Ganze nicht „zu hoch aufzuhängen" und nicht noch mehr Unterbrechungen des Alltags zu schaffen, können natürliche Zusammenkünfte (z. B. Abendrunde) dazu genutzt werden, um die Rückführung in das soziale Netz durchzuführen. Je herausragender und bedeutsamer die Grenzverletzung jedoch war, desto genauer sollte geprüft werden, ob für die Rückführung in das soziale Netz nicht doch ein eigener „Termin" vereinbart wird.

7. Umgang mit Verstörungsstrategien

KuJ, die sich in einer für sie unangenehmen Konfrontationssituation wiederfinden, können durch den Einsatz verschiedener Strategien versuchen, ihren Einfluss auf das Geschehen wieder zu erhöhen. Dies geschieht sowohl intuitiv als auch z. T. instrumentell-berechnend. Die KuJ nutzen diese Techniken, um die PädagogInnen in ihrer Klarheit und Vorgehensweise zu verstören. Es ist wichtig, dass sich PädagogInnen dessen bewusst sind, damit sie sich darauf vorbereiten können. Im Folgenden finden Sie eine kurze Auflistung der gängigsten Verstörungsstrategien:

- Ablenkung
- Schuldzuweisung gegen andere
- rechtfertigen
- bagatellisieren
- konsequentes Leugnen
- Mitleid erzeugen
- ignorieren
- veralbern
- sich über die Situation bzw. Person lächerlich machen
- beleidigen / provozieren
- sich entziehen
- bedrohen
- attackieren

Auf viele dieser Strategien können Sie in der Regeln sehr passend mit dem konsequenten Einsatz der Technik der „kaputten Schallplatte“ reagieren. Ausgenommen davon sind die letzten drei Strategien „sich entziehen, bedrohen, attackieren“. In diesen Fällen ist es gut möglich, dass sich die KuJ schon in fortgeschrittenem Anspannungsstadium der gelben oder gar roten Phase befinden. Wenn dies zutrifft, dann wäre ggf. eine Unterbrechung der Konfrontation und der Einstieg in die emotionale Deeskalation hilfreicher.
Eine Grauzone bildet der Umgang mit Beleidigungen (vgl. dazu Kapitel B, Abschnitt 2).

8. Autorität

Wie definieren Sie Ihre Autorität? Sind Sie eine Autorität, oder haben Sie Autorität oder beides?
So wie die Begriffe Gewalt und Aggression ist auch der Begriff der Autorität sehr unterschiedlich in Gebrauch. Was im Speziellen damit gemeint ist, sollte dann geklärt werden, wenn man konkret über diesen Begriff spricht.
„Autorität ist im weitesten Sinne eine soziale Positionierung, die einer Institution oder Person zugeschrieben wird und bewirken kann, dass sich andere Menschen in ihrem Denken und Handeln nach ihr richten. Sie entsteht (durch Vereinbarungen oder Herrschaftsbeziehungen) in gesellschaftlichen Prozessen“ (Wikipedia, 2017).
Gabler (2017) unterscheidet dabei zwischen 2 Formen von Autorität:

1. *Formelle / positionale Autorität*

Diese leitet sich aus der formellen sozialen Position ab und ist erst einmal unabhängig von individuellen Persönlichkeitsmerkmalen (sog. Amtsautorität).

2. *Die Persönliche / personale Autorität.*

Persönliche / personale Autorität basiert auf personengebundenen Merkmalen (wie z. B. Kompetenz, Ansehen, Verlässlichkeit, usw.). Im Gegensatz zur positionalen Autorität wird die persönliche Autorität verliehen. Das bedeutet, sie ist abhängig von der Wertung und vom Verhalten des sozialen Umfeldes.

Als PädagogIn braucht man beides, sowohl formelle, als auch persönliche Autorität. Auf der einen Seite befindet man sich z. B. als LehrerIn oder ErzieherIn nicht in einer gleichberechtigten Beziehung zu den KuJ (vgl. Rhode; Mies 2006, 29; Hoegg 2010, 151).

KuJ sind in der Beziehung zu Autoritäten gleichwertig jedoch nicht gleichberechtigt.

Als PädagogIn mit Autorität ist man den KuJ in der Regel bedingt weisungsbefugt. Die Weisungsbefugnis gilt dann, wenn die Weisungen sachlich oder pädagogisch begründet und rechtskonform sind (vgl. Hoegg 2010, 137, 150). In jedem Fall hat man für die anvertrauten KuJ eine Fürsorgepflicht. Diese Aufgaben kann man nur erfüllen, wenn man formell mit entsprechenden Befugnissen ausgestattet ist. Auf der anderen Seite ist es so, dass wenn man von den KuJ nicht als Autorität akzeptiert wird, man auch kaum konstruktiven pädagogischen Einfluss auf sie nehmen kann. Erfahrungsgemäß müssen sich PädagogInnen mit hoher persönlicher Autorität seltener auf ihre formelle Autorität berufen.

Der Grad der formellen Autorität wird dabei nicht mit dem Grad des entgegengebrachten unmittelbaren Gehorsams durch die untergeordneten Personen gleichgesetzt, sondern er leitet sich aus den Befugnissen, der Legitimation, der Unterstützung und den Mitteln ab, die man für die Durchführung einer Aufgabe benötigt, denn das Innehaben einer Autoritätsposition bedeutet noch lange nicht, dass einem die KuJ auch folgen bzw. gehorchen (vgl. Omer & von Schlippe 2015, 33). Mit Verzicht auf den unmittelbaren Gehorsam lässt man sich darauf ein, im Rahmen der Grenzziehung und Grenzwahrung auf den Einsatz persönlicher Machtinstrumente (z. B. körperliche Stärke, Lautstärke) zu verzichten. Vielmehr beruft man sich auf die oben genannten Befugnisse. Diese Befugnisse geben den Spielraum, zu sanktionieren. Diese Sanktionen entfalten ihre Wirkung jedoch oft erst zeitverzögert. Mit dieser Verzögerung muss man zu leben lernen.

Der Grad der persönlichen Autorität basiert auf informellen Aspekten, vor allem auf der Interaktion zwischen der Autorität und den ihr folgenden Personen. Das Innehaben einer formellen Autorität ist noch lange keine Garantie dafür, dass man KuJ gegenüber auch persönliche Autorität besitzt. Ein entscheidender Faktor ist, wie formelle Autoritären die ihnen gegebenen Befugnisse einsetzen. Weiterhin steigt die persönliche Autorität einer Person, wenn diese als klar, verlässlich, fair, ehrlich, kompetent, krisenfest, empathisch ... wahrgenommen wird. So verwundert es nicht, dass SchülerInnen auf die Nachfrage „Wie muss eine gute LehrerIn sein?“ häufig antworten: „Streng, fair, verlässlich, lustig, ...!“ Eine „gute“ Autorität zeichnet sich nach Meinung des Autors dadurch aus, dass sie für klare Rahmenbedingungen sorgt und auch für deren Einhaltung einsteht. Gleichermaßen ist sie auch bereit und in der Lage, den formell untergeordneten Personen innerhalb des gesetzten Rahmens einen größtmöglichen individuellen Verhaltensspielraum zu bieten und auf entstehende Konflikte sichernd und ausgleichend zu reagieren.

„Man führt nur, wenn einem Andere folgen“ (Quelle: unbekannt). Die Frage ist, was die KuJ dazu verleitet, einer Autorität zu folgen. Tun sie dies aufgrund ihrer Akzeptanz bzgl. der Führungsperson, oder ist es wegen der (formellen) Macht, welche die Autorität hat und der zu erwartenden Nachteile, die ein Nichtfolgen nach sich ziehen könnten, oder ist es eine Kombination aus beiden Faktoren. Ein Überwiegen des ersten Faktors ist sicherlich wünschenswert, doch auch Menschen mit hoher persönlicher Autorität sind immer mal wieder darauf angewiesen, ihre formelle Autorität unter Beweis zu stellen (z. B. durch das Aussprechen und Umsetzen von Konsequenzen).

Ein Faktor, der neben der persönlichen Souveränität auch sehr bedeutsam für die Stärke einer Autorität sein kann, ist der Grad der gemeinschaftlichen Unterstützung. Wenn PädagogInnen sich auf fachliche und menschliche Unterstützung im Umgang mit herausfordernden KuJ verlassen können, so stärkt dies ihre persönliche und formelle Autorität. Die Unterstützung bietet die Gelegenheit, sich aktiv Hilfe zu holen und dort gestärkt zu werden, wo man als Individuum nicht genug Einfluss auf die KuJ nehmen kann. Ein sich gegenseitig unterstützendes Kollektiv bietet den jeweiligen Individuen mehr Schutz und Durchsetzungsfähigkeit als es Individuen für sich selber aufbringen können. Neben der Stärkung der Autorität erhöht ein aktives Unterstützernetzwerk auch die Verpflichtung der Autoritäten zur Selbstkontrolle, was im Sinne der Prävention von Machtmissbrauch unerlässlich erscheint (vgl.Omer & von Schlippe 2015, 176 f.).

9. Macht

Die Bundeszentrale für politische Bildung definiert Macht als einen „politisch-soziologische[r] Grundbegriff, der für Abhängigkeits- oder Überlegenheitsverhältnisse verwendet wird, d. h. für die Möglichkeit der Machthabenden, ohne Zustimmung, gegen den Willen oder trotz Widerstandes anderer die eigenen Ziele durchzusetzen und zu verwirklichen" (BpB 2022).
Macht in diesem Sinne kann ein wichtiges Werkzeug für PädagogInnen sein, vor allem wenn sie Gruppen führen, die in ihrer Zusammensetzung nicht auf Freiwilligkeit beruhen (z. B. Schule, Jugendhilfe). Sie bietet ihnen die Möglichkeit, notfalls auch gegen Widerstände zu agieren und sich durchzusetzen. Dies ist, nach Meinung des Autors, so lange nicht problematisch, solange die Macht nicht missbraucht wird und ausschließlich dazu dient, das Wohl der Gemeinschaft (die KuJ, die sich „problematisch" verhalten eingeschlossen) zu sichern.
Für den Paritätischem Wohlfahrtsverband Landesverband NRW e. V. (o. J.) liegt der Unterschied zwischen Machtmissbrauch und verantwortungsvollem Umgang mit Macht darin, dass Macht im ersten Fall „einzig zum Selbstzweck ausgeübt" wird und „zwangsläufig zur tendenziellen Ohnmacht auf der Seite der Abhängigen führt", während sie im zweiten Fall „zum Schutz der Abhängigen wahrgenommen" wird und „durch deren Anerkennung in der Regel legitimiert [ist], indem sie deren Eigenarten und Grenzen akzeptiert, deren Fähigkeiten fördert, ohne zu überfordern" (ebd., S. 7).
PädagogInnen, die ihre Autorität vornehmlich durch den Einsatz von Macht sichern, erleben vor allem dann eine unangenehme Grenze, wenn sie mit KuJ arbeiten, denen „alles egal" ist bzw. zu sein scheint. Der Einsatz von Macht als pädagogisches Mittel sollte auch vor dem Hintergrund des Modelllernens äußerst kritisch hinterfragt werden (siehe Kap. 5).
Ein weiterer Aspekt, der hier Beachtung finden sollte, ist die Frage, wie sehr man die Dynamik einer Gruppe bzw. auch das individuelle Verhalten eines Menschen kontrollieren / bestimmen kann. Ebenso wie der Autor sind Omer und von Schlippe (2015, 43) der Meinung, dass eine „absolute Kontrolle nicht nur nicht wünschenswert, sondern vor allem nicht möglich" ist. Je größer der individuelle Selbstbestimmungs- und Freiheitsdrang einer Person, einer Gruppe, desto weniger lässt sich eine solche Person oder Gruppe kontrollieren. Auch nicht durch Macht. Das klingt wahrscheinlich erstmal recht ernüchternd. Dennoch ist es wichtig. Natürlich brauchen solche Gruppen auch Regeln und Rahmen (dazu später mehr). Diese müssen jedoch so gestaltet sein, dass ein Einhalten für die KuJ auch sinnhaft und möglich ist. Außerdem müssen die Regeln und Rahmen so gestaltet werden,

dass die zuständigen PädagogInnen bei Nichteinhaltung durch die KuJ sinnhaft (re)agieren können.
Macht braucht immer auch Kontrolle!! Die jüngere Geschichte hat leider gezeigt, dass es immer wieder (auch heute noch) Menschen gibt, die im Rahmen ihrer pädagogischen Berufung ihre Macht missbrauchen. Dieser Missbrauch reicht in Einzelfällen auch bis hin zu Mobbing oder sexualisierter Gewalt.
Daher scheint es unumgänglich, dass Menschen, die mit machtvollen Befugnissen ausgestattet werden, auch immer einer sozialen Kontrolle unterliegen und die Bereitschaft zeigen, den Einsatz von Macht kritisch prüfen zu lassen.

10. Regeln und (individuelle) Grenzen

An Regeln und Grenzen entzünden sich immer wieder Konflikte zwischen KuJ und den PädagogInnen. Nebenbei gesagt taugt dieses Thema aber auch sehr gut für intensiven Streit zwischen PädagogInnen. Wenn man genau hinschaut, dann entstehen die Konflikte und Auseinandersetzungen häufig dann, wenn die PädagogInnen die KuJ mit der Nichteinhaltung von Regeln und Grenzen konfrontieren und sie dafür auch sanktionieren.
Erstmal ist es als völlig normal anzusehen, dass KuJ Regeln brechen und Grenzen überschreiten. Das machen alle! Die einen machen es mehr und die anderen weniger. „Problematisch" wird es letztendlich dann, wenn sicherheitsrelevante Regeln und Grenzen nicht geachtet werden, wenn ethisch moralische Grenzen verletzt werden und wenn die Nichteinhaltung zu einer relevanten Störung im System führt.
Das Aufstellen von Regeln macht in jedem Fall Sinn. Ohne bindende Regelungen können komplexe Gemeinschaften nicht funktionieren. Empfehlenswert ist es, dabei darauf zu achten, dass die aufgestellten Regeln bestmöglich allen Mitgliedern einer Gemeinschaft dienen.

Prüfen Sie hin und wieder einmal die Aktualität bestehender Regeln!

Wie sehr eine Gemeinschaft „durchgeregelt" sein muss und wie viel Individualität noch ermöglicht wird, ist sicherlich sowohl eine kulturelle als auch eine pädagogische Frage, welche nicht pauschal beantwortet werden kann. Regeln und Grenzen müssen aber immer an das System angepasst werden und nicht umgekehrt. Außerdem sollte man immer im Blick haben, dass Regeln und Grenzen vor allem dann Verbindlichkeit für eine Person erlangen, wenn diese sie als sinnhaft empfindet. Daraus könnte man folgern, dass es hilfreich sein kann, KuJ ihrem kognitiven Niveau entsprechend an der (Neu-)Erstellung und Überprüfung von Regeln mitwirken zu lassen (vgl. Dutschmann 2003, Nr. 44, 58).

„Ein gutes Regelwerk berücksichtigt die Interessen aller davon betroffenen Personen." (Rhode & Meis 2006, 30)

Worin unterscheiden sich Regeln von (individuellen) Grenzen und worin liegen die jeweiligen Vor- und Nachteile?
Spontane Grenzziehung entsteht situativ. In Bezug auf die relevante Grenze besteht hier bisher keine Regelung. Das bedeutet, dass die spontane Grenzziehung auch im Kontext begründet werden sollte, damit die Grenze für die KuJ nachvollziehbar wird (vgl. Rhode & Meis 2006, 19). Darüber hinaus signalisiert die Erklärung der Grenze Wertschätzung gegenüber den begrenzten KuJ. Wenn eine Grenze einmal nachvollziehbar und verständlich erklärt wurde, dann ist es nicht notwendig und auch nicht ratsam, diese immer wieder aufs Neue zu erklären, es sei denn, die KuJ können sich die Erklärung, aus welchen Gründen auch immer, nicht merken. Wie oft Grenzen aufs Neue erklärt werden, hängt also auch davon ab, wie das kognitive Potenzial der Klientel eingeschätzt wird.
Wenn ein und dieselbe Grenzverletzung immer wieder auftritt, dann kann es sinnvoll werden, diesbezüglich eine Regel zu schaffen, bzw. sich zu fragen, ob es anderweitiger Veränderungen bedarf (z. B. struktureller Veränderungen). „Die Verwandlung einer Grenze in eine Regel dient unter anderem der Entlastung der verantwortlichen (...)" (Rhode & Meis 2006, 23) PädagogInnen. Sie müssen nun nicht mehr jedes Mal die Grenzsetzung begründen. Sie können auf die allgemeingültigen Regeln hinweisen. Entlastung entsteht durch Regeln jedoch nicht immer. Allgemeine Regeln gelten immer und für alle. Das bedeutet, dass man zu jeder Zeit auf jeglichen Verstoß gegen eine solche Regel reagieren muss. Tut man dies nicht, dann stellt man ungewollt die Gültigkeit aller Regeln und somit auch die eigene Autorität in Frage. Somit kann das Aufstellen von „zu vielen" Regeln auch zu einer Belastung führen, da man deren Einhaltung auch kontrollieren und Regelverstöße bearbeiten muss.
Es gibt unter PädagogInnen sehr unterschiedliche Haltungen dazu, wie sinnhaft es ist, individuelle Regelungen (also Regeln, die nur für einzelne KuJ gelten) zu verallgemeinern, damit es nicht zu viele „Regelwerke" in einem System gibt.
Der Autor ist der Meinung, dass die meisten KuJ in der Lage sind und alle KuJ in die Lage versetzt werden müssen (Ausnahmen könnte es bei KuJ mit bestimmten geistigen Beeinträchtigungen geben), damit umzugehen, dass also nicht für jeden überall die gleichen Regeln und Grenzen gelten. Ausgenommen davon sind maßgebliche Grundregeln, die für die Wahrung von Sicherheit und Würde aller Beteiligten notwendig sind. Für das richtige Maß an allgemeingültigen und individualisierten Regeln gibt es leider kein fertiges Rezept. Das bedeutet, dass die Gestaltung von Regeln und Grenzen in allen pädagogischen Institutionen ein Dauerthema sein sollte. Behält man dieses Thema nicht im Auge, kann es passieren,

dass die Regeln nicht mehr zum Gesamtkontext passen und daraus ungewollte Probleme entstehen.
Nicht selten gibt es Forderungen nach einem einheitlichen Regel- und Konsequenzkatalog. Dieser Wunsch nach einem umfangreichen und allgemein gültigen Regelwerk und Sanktionskatalog entsteht häufig dann, wenn sich problematische Verhaltensweisen in Gruppen von KuJ häufen. Bei der Aufstellung von solch umfangreichen Regelwerken sollte man aber sehr vorsichtig sein, denn dadurch beraubt man sich selber schnell einer wertvollen individuellen Steuerungsfähigkeit. Wenn man den Alltag zu genau und umfangreich regelt, verliert man wertvolle pädagogische Spielräume. Sicherlich ist „die Vorgabe von Regeln im Gruppengeschehen notwendig, sollte aber auf ein Minimum reduziert sein" (Sappok & Zepperitz 2016, 31).
Individuelle Grenzen bzw. Regeln gelten vor allem für einzelne Personen. Sie sind abhängig vom jeweiligen Kontext, sowie von den Bedürfnissen der interagierenden Personen. Das Arbeiten mit individuellen Grenzen ermöglicht es den PädagogInnen, sehr speziell auf die Fähigkeiten, Bedürfnisse und Persönlichkeitsmerkmale der jeweiligen KuJ einzugehen. Sie sind dabei genauso verbindlich wie die allgemeinen Regeln für den Rest der KuJ.
Gerade in Phasen hoher persönlicher oder/und sozialer Anspannung folgt häufig der Ruf nach mehr Regeln und „effektiven" Sanktionen und Konsequenzen für unangemessenes Verhalten. Dabei wird dann häufig vergessen oder bewusst vermieden, darauf zu schauen, „welche Anreize man den KuJ vermitteln kann, sozial akzeptierte Verhaltensweisen zu zeigen" (Dutschmann 2003, Nr. 44, 35). Außerdem verliert man aus dem Auge, dass Sanktionen als alleinstehende Maßnahme (ggf. sogar Strafen) nur einen eingeschränkten Einfluss auf die Veränderung von Verhaltensweisen bei KuJ haben (vgl. Nolting 2007, 218).
Herausfordernd ist dabei die Entscheidung, wie sehr ein individualisierter Umgang in Kontexten möglich ist, wenn sehr viele KuJ unter der Aufsicht von wenigen PädagogInnen stehen. Hier stellt sich dann die Frage: Wie viel Individualität ist unter den gegebenen Umständen möglich? Da ja vor allem jene KuJ eine „spezielle/individuelle" Behandlung brauchen, die in dem bestehenden System weniger gut zurechtkommen und dadurch in ihrem Umfeld häufiger Grenzen und Regeln verletzen, muss man als PädagogIn folgende Frage aufmerksam und selbstkritisch beantworten: „Kann ich oder will ich diesem Kind/Jugendlichen nicht entgegenkommen?"
Unstrittig sollte dabei sein, dass sicherheits- und gesetzesrelevante Regeln allgemein gültig sind (z. B. das Verbot mutwilligen Verletzens von Menschen, mutwilliger Zerstörung von fremdem Eigentum, ...).

In diesem Kontext wird oft auch der Begriff der pädagogischen Geschlossenheit bemüht. Dies bedeutet für den Autor konkret, dass getroffene Regelabsprachen für alle Verantwortlichen gleich bindend sind. Innerhalb dieser Regeln sollte dann aber Platz für individuelle, authentische und situative Pädagogik bleiben. Pädagogische Geschlossenheit bedeutet nach Meinung des Autors nicht, dass nicht abgesprochene pädagogische Alleingänge (also Vorgehensweisen außerhalb des allgemeinen gültigen Regelrahmens) pauschal durch das System mitgetragen werden müssen.
Problematisch wird es jedoch dann, wenn Regeln dazu führen, dass an sich legitime Bedürfnisse von Menschen eingeschränkt werden (die Wahl des Kleidungsstils, die Art und Weise zu sitzen, zu kommunizieren, etc). Sicherlich lässt sich vor dem Hintergrund von „Kultur, Respekt und Anstand (...)" trefflich und ausdauernd darüber streiten, was O. K. ist und was nicht. Besonders kritisch wird es in Punkto Grenzsetzung und Regelung nach Ansicht des Autors dann, wenn Grundbedürfnisse eingeschränkt werden (z. B. Trinken, zur Toilette gehen, Zugang zu Nahrungsmitteln, ...). Die Erfahrung des Autors zeigt, dass solche Grundbedürfnisse in der Regel nur dann eingeschränkt werden, wenn die KuJ nicht verantwortlich mit ihrem Recht zur Bedürfniserfüllung umgehen. Problematisch bleibt es dennoch, vor allem wenn allgemeine Regelungen auch jene KuJ betreffen, die sich nicht „problematisch" verhalten.
Natürlich ergibt sich in komplexen Gemeinschaften die Notwendigkeit, die grundsätzliche Funktionalität des Systems zu sichern und relevante Störungen (z. B. Handynutzung im Unterricht) zu begrenzen. Dennoch muss einem pädagogischen Profi bewusst sein, dass dies aus Sicht der begrenzten Personen zu legitimem Protest und Widerstand führen kann. Wenn die Notwendigkeit einer allgemeinen Regelung jedoch überwiegt, dann sollte man sich sehr darum bemühen, alle Betroffenen in die Gestaltung und regelmäßige Überprüfung von Regeln einzubeziehen. Dies vermindert Widerstände und erhöht die Akzeptanz der Regelungen.

Erstrebenswert ist es, dass alle Beteiligten die Sinnhaftigkeit einer Regel anerkennen. In jedem Fall muss aber erreicht werden, dass die Gültigkeit einer Regel anerkannt wird!

10.1 Individuelle Regeln und Grenzen

„Manchmal wird eine Regel missachtet, weil die Betroffenen nicht in der Lage sind, sie zu befolgen“ (Rhode & Meis 2006, 37). In einem solchen Fall macht es keinen Sinn, von dem Kind oder Jugendlichen die Einhaltung zu fordern. Dies würde wahrscheinlich zu einer unnötigen (Beziehungs-)Eskalation führen. In einem solchen Fall muss geprüft werden, warum das Kind oder der Jugendliche die Regel nicht einhalten kann und wie die entsprechende Regel für diese Person angepasst werden muss, damit eine Einhaltung möglich ist. Es wird also nach einer individuellen Regel gesucht. Diese Suche macht Arbeit. Dennoch haben die KuJ ein Recht darauf, einen fairen Rahmen zu erfahren.

Ist es fair, wenn im Rahmen der Aufnahmeprüfung an eine Sporthochschule von den Prüflingen verlangt wird, beim Hochsprung 1.40 m hoch zu springen? Fragen Sie mal die Prüflinge mit einer Körpergröße von 1.60 m. Für sie ist die Hürde im Verhältnis zu ihren Kompetenzen viel höher, als für die Prüflinge mit höherer Körpergröße. Somit ist diese Regel nicht fair!

Damit es hier auf Seiten der „Restgruppe“ nicht zum Gefühl von Ungerechtigkeit und Willkür kommt, muss dieser Vorgang offen und transparent kommuniziert und erklärt werden, ohne dabei das Recht auf informationelle Selbstbestimmung der KuJ zu verletzen.

Dieses Problem stellt sich zur Zeit an vielen Schulen und Ganztagseinrichtungen, welche im Rahmen der Inklusion SchülerInnen in ihr System aufnehmen, die nicht immer in der Lage sind, die existierenden allgemeingültigen Regeln und Grenzen einzuhalten.

Wenn dann passende individuelle Regeln gefunden sind, dann sind diese für die betroffene SchülerIn genauso verbindlich, wie die allgemeinen Regeln für den Rest der Gruppe.

Damit die Regeln und Grenzen auch immer an die jeweilige Gruppe / Struktur oder Person angepasst sind, sollten diese auch regelmäßig kritisch geprüft und bei Bedarf angepasst werden.

11. Präsenz und Aufsicht

Das Thema Aufsichtspflicht wirft in der Praxis aller pädagogischen Einrichtungen viele Fragen auf, die an dieser Stelle nicht umfassend beantwortet werden sollen und können.

Grundsätzlich soll die Aufsicht in pädagogischen Einrichtungen „präventiv, aktiv und kontinuierlich sein" (Hoegg 2010, 97). Das bedeutet:

- Mögliche Gefahren müssen vorausschauend erkannt und minimiert werden.
- Die Beaufsichtigenden müssen aktiv gegen Fehlverhalten der KuJ vorgehen (belehren und erklären, kontrollieren und falls notwendig angemessen sanktionieren).
- Die KuJ müssen das Gefühl haben, ständig beaufsichtigt zu werden. Dies gilt besonders für Orte, die prinzipiell schwer zu beaufsichtigen sind und Orte, an denen es nachweislich häufig zu regelverletzendem Verhalten kommt (vgl. auch Dutschmann 2001, Nr. 46, 65).
- Die KuJ müssen davon ausgehen können, dass die Beaufsichtigenden in der Nähe ist und stets auftauchen können (vgl. Hoegg 2010, 97).

Dass unter den häufig gegebenen personellen Rahmenbedingungen in pädagogischen Einrichtungen gerade die letzten zwei Punkte häufig nur unzureichend gewährleistet werden können, ist traurige Realität. Leider können die betroffenen PädagogInnen dies aus eigener Anstrengung nicht immer nachhaltig lösen. Allerdings ist es immer ratsam, sich regelmäßig die Zeit zu nehmen und zu überprüfen, ob die Aufsichtssituation mit den gegebenen Ressourcen optimiert werden kann oder muss. Das tatsächlich notwendige Maß an Beaufsichtigung hängt davon ab, wie viel persönliche Reife die KuJ (einzeln und als Gruppe) haben. Daraus ergibt sich, wie viel Selbstständigkeit möglich bzw. wie viel Kontrolle notwendig ist (vgl. Hoegg 2010, 97).

12. Pädagogische Konsequenzen und Sanktionierung

Da es zur natürlichen Entwicklung von Kindern und Jugendlichen gehört, die Gültigkeit von Grenzen und Regeln zu überprüfen und diese auch zu brechen, müssen die verantwortlichen Autoritäten befugt sein, auf solche Verletzungen u. U. auch mit angemessenen Sanktionieren zu reagieren. KuJ, die sich gezielt und bewusst nicht an Regeln halten, führen meist vor ihrer Handlung eine „Kosten-Nutzen-Rechnung" durch (vgl. Rhode & Meis 2006, 32). Diese „Kalkulation" wird nicht immer 100%ig bewusst vonstatten gehen. Damit in einer solchen Kalkulation möglichst ein Anreiz zur Einhaltung der Regeln entsteht, bedarf es passender Konsequenzen, welche auf ein regel- oder grenzverletzendes Verhalten folgen. Diese „Sanktionen müssen spürbar und möglichst unmittelbar sein" (Dutschmann 2003, Nr. 44, 39) und einen „inhaltlichen Zusammenhang mit der Tat haben" (Dutschmann 2003, Nr. 44, 64). Allerdings sollte immer darauf geachtet werden, dass nicht die Person an sich bestraft wird, sondern dass mit der „Konsequenz" auf ein nicht tolerierbares Verhalten der KuJ reagiert wird.
Bei der Auswahl geeigneter Konsequenzen sollte man sich dessen sehr bewusst sein, was genau man mit der Konsequenz erreicht werden soll und unter welchen Umständen es zu der Regel- bzw. Grenzverletzung kam. Es wäre mehr als unangemessen, grenzverletzende Verhaltensweisen völlig losgelöst von der Person und vom Kontext mit immer den gleichen Konsequenzen zu belegen. Schaut man sich einmal das deutsche Strafgesetz mit Blick auf die Festlegung eines Strafmaßes an, erkennt man schnell: Dort gibt es immer einen erheblichen Spielraum zwischen der Mindest- und Höchstgrenze einer Konsequenz (bzw. Strafe). Auch fließen im Rahmen der Urteilsfindung immer diverse situative und individuelle (sowohl belastende als auch entlastende) Faktoren in die letztendliche Entscheidung mit ein. Warum sollte das im Rahmen pädagogischer Arbeit anders sein?

Wenn man sich darüber im Klaren ist, welchen Zweck man mit einer Konsequenzaussprache erreichen will, kann man entsprechend klarer nach passenden Methoden suchen.

„In jedem Fall muss die getroffene Maßnahme im Hinblick auf das zugrunde liegende Fehlverhalten stets verhältnismäßig, also insbesondere auch angemessen sein" (VBE 2017, 47).

Nicht selten wird in Einrichtungen der Wunsch nach einem allgemein gültigen Sanktionskatalog geäußert. Die damit verbundene Hoffnung ist, dass man dadurch im Team einheitlicher und verlässlicher agieren kann. Nach Meinung des Autors ist dies jedoch eine Hoffnung, die sich häufig nicht erfüllt. Zum einen sind die Gründe, warum KuJ Regeln brechen, so unterschiedlich, dass es keinen Sinn macht, standardisiert darauf zu reagieren. Außerdem kann es sein, dass dem einen KuJ eine bestimmte Konsequenz „total egal" ist, dem anderen aber gar nicht. Wenn man nun jedoch die Kosten-Nutzen-Kalkulation zugunsten der Regeleinhaltung beeinflussen möchte, dann muss man die Konsequenzen und Sanktionen auch so an die KuJ anpassen, dass es den jeweiligen KuJ sprichwörtlich „juckt".
Auch erscheint es dem Autor wenig sinnvoll und passend, unsichere Autoritäten durch immer mehr Regeln und Sanktionsdimensionen und -befugnisse künstlich zu stärken. Vielmehr brauchen diese Personen Unterstützung dabei, alltagstaugliche pädagogische Sicherheit und Souveränität zu entwickeln.
In Bezug auf die Unmittelbarkeit von Sanktionen und Konsequenzen gilt es zu bedenken, dass man sehr vorsichtig damit sein sollte, Konsequenzen auszusprechen, wenn man selber emotional sehr angespannt ist. In diesem Fall kann es sein, dass man bei der Auswahl der Konsequenz nicht die nötige pädagogisch-professionelle Distanz zum Geschehen hat, sondern persönliche Anteile die Entscheidung unangemessen beeinflussen. Hier empfiehlt es sich, mit den Techniken der *„Ankündigung"* und der *„Verzögerung" (vgl. Kapitel B, Abschnitt 6)* zu arbeiten.

Ankündigung + Verzögerung = Du hast gegen eine Regeln verstoßen. Dies hat Konsequenzen. Da ich gerade sehr wütend bin, werde ich dir die Konsequenz später mitteilen.

Wichtig ist dabei, dass „angekündigte Konsequenzen auf jeden Fall durchgeführt werden" (Dutschmann 2003, Nr. 44, 39; Hoegg 2010, 143). Auch dieses Prinzip kann dazu motivieren, unter Hochanspannung darauf zu verzichten, konkrete Konsequenzen zu benennen, denn wenn diese dann später als unangemessen bewertet und zurückgenommen werden müssen, kann das dem Ansehen der Autorität schaden.

Für alle LeserInnen, die in einer Schule arbeiten, folgt noch ein Hinweis:
„Schule darf nicht mehr strafen, sie darf nur ordnen" (Hoegg 2006, 155) und er-

zieherisch tätig werden. Dies ist erstmal „nur" eine Frage der korrekten Formulierung. Jegliche Konsequenzen, die als Strafe ausgesprochen werden, sind vor dem Schulgesetz nicht zulässig. Wenn man weiterdenkt, dann ist es aber auch eine Haltungsfrage: „Was will ich mit der Strafe erreichen?" Will ich strafen und der betroffenen Person einen persönlichen Nachteil auferlegen, damit sie zukünftig vom schädigenden Verhalten absieht, oder will ich Vergeltung für ein schädigendes Verhalten von Seiten des Bestraften? Ob der letzte Aspekt in der Pädagogik eine legitime Option ist, das soll an dieser Stelle nicht weiter thematisiert werden. Dennoch kommt er vor!

Wiedergutmachung/Schadenersatz ist keine Strafe und auch keine Sanktion, da ja nur ersetzt wurde, was vorher schuldhaft durch die bestrafte Person beschädigt wurde (vgl. Hoegg 2010, 143).

Wenn aufgrund der Schwere des Vergehens (schwere Straftaten) eine Erziehungs- oder Ordnungsmaßnahme nicht ausreichend ist, dann kann man zusätzlich den Weg zivilrechtlicher (ab 7 Jahren) und/oder strafrechtlicher (ab 14 Jahren) Gerichtsverfahren gehen (vgl. Hoegg 2006, 143, 155).
Abschließend bleibt noch die Frage, ob man im Umgang mit kollektiven Grenz- und Regelverletzungen auch kollektive Ordnungsmaßnahmen aussprechen darf. Diese Frage lässt sich wohl immer nur unter Betrachtung der konkreten Umstände beantworten. Rechtlich scheint es jedoch so zu sein, dass kollektive Erziehungsmaßnahmen, so lange sie den Grundsatz der Verhältnismäßigkeit einhalten, zulässig sind (vgl. Hoegg 2006, 157). Ob eine kollektive Erziehungsmaßnahme pädagogisch und moralisch vertretbar und sinnvoll ist, das wird wahrscheinlich Bestandteil kontroverser Diskussionen werden.

C › Deeskalation bei aggressiver Hochanspannung

1. Deeskalation einer emotional hochangespannten Person

Wenn KuJ eskalieren, dann muss man als PädagogIn zuerst entscheiden, ob es eine Notwendigkeit zur Intervention gibt. Nicht selten schaffen es KuJ, sich wieder alleine zu regulieren und zu beruhigen, ohne dass dabei ein problematischer oder unzumutbarer Schaden entsteht. Solch eine Selbstregulationsfähigkeit muss unbedingt gefördert werden. Wenn KuJ, aus welchem Grund auch immer, sich nicht ausreichend selber regulieren können, und durch ihre Hochanspannung eine Gefährdung entsteht, dann kann jedoch eine deeskalierende Intervention notwendig werden.

Die deeskalierende Intervention wird mit dem Ziel der Musterunterbrechung und anschließender emotionaler Beruhigung ausgeführt. Die hochangespannten und möglicherweise aggressiv ausagierenden KuJ sollen in ihrem akuten Handlungsmuster unterbrochen und auf einen anderen Weg begleitet werden. Es wird versucht, sie aktiv zu erreichen, sie in ihrem schädigenden Muster zu unterbrechen und sie dabei zu unterstützen, aus dem „emotionalen Strudel" (Dutschmann 2003, Nr. 45, 63) herauszufinden.

Je größer die Anspannung bei den KuJ wird, desto schwieriger/aufwändiger wird es, sie zu beruhigen. Umso wichtiger ist es, einerseits die sich entwickelnde Hochanspannung schon frühzeitig zu bemerken, um rechtzeitig deeskalierend tätig werden zu können, und andererseits als PädagogIn einen klaren Plan zu haben um gut auf den Umgang mit hochangespannten KuJ vorbereitet zu sein.

Ein weiterer Punkt, der einen relevanten Einfluss auf den Erfolg der Deeskalation haben wird, ist die persönliche Interventionsberechtigung der eingreifenden Personen. Damit ist nicht die formelle Berechtigung gemeint, sondern die Einschätzung, wie groß die Chance ist, dass die intervenierende Autorität von den eskalierenden KuJ situativ auch als Kontaktperson akzeptiert wird. Diese Interventionsberechtigung wird sowohl durch das passende situative Kontaktverhalten als auch die vorgelagerte Beziehungsarbeit beeinflusst. Da das gemeinsame Erleben von Konflikten und Eskalationen auch eine sehr emotionale Form der Beziehungsarbeit ist, hat ein akutes Deeskalationsgeschehen auch einen Einfluss auf die zukünftige Interventionsberechtigung. Es macht daher umso mehr Sinn, sich um eine konstruktive, sichernde und würdevolle Form der Deeskalation zu bemühen.

Nach der Eskalation ist vor der nächsten Eskalation!

Akute Deeskalation bedeutet in diesem Kontext Verhinderung, Verringerung, Unterbrechung oder Verlangsamung einer Eskalation. Akute Deeskalation ist nicht die Lösung eines Problems! Durch eine erfolgreiche Deeskalation schafft man einen Zustand, in dem man zusammen mit den beteiligten Individuen nach einer Lösung für ein Problem suchen kann. In der Praxis ist es nicht selten so, dass eine wirksame Lösung nicht (direkt) greifbar oder umsetzbar ist. In diesem Fall praktiziert man Deeskalation für den Moment, im Wissen, dass es bald die nächste Eskalation geben wird, die dann wieder deeskaliert werden muss. Solche Fälle machen es nötig, im Rahmen eines systemischen Deeskalationsplans mit allen anderen Beteiligten vor Ort daran zu arbeiten, wie man möglichst deeskalativ damit umgehen kann, dass ein oder mehrere KuJ unweigerlich immer wieder eskalieren werden. Man verhindert so nicht die Eskalation an sich, aber man kann evtl. dadurch entstehende „Sekundäreskalationen" verhindern oder verringern, was wiederum einen positiven Effekt auf die Gesamtstimmung und damit auch auf die einzelnen KuJ haben wird.
In der Arbeit mit KuJ, die häufig eskalieren oder häufig an Eskalationen beteiligt sind, verschafft die erfolgreiche Deeskalation Zeit, um an anderer Stelle relevante Veränderungen zu ermöglichen. Neben der gewonnenen Zeit hat eine gelungene Deeskalation auch den Effekt, dass die Beziehung zwischen den beteiligten Personen weniger stark belastet ist, als wenn ein Konflikt eskaliert und dabei auch die Beziehungsebene beschädigt wird.
Autoritäten, die in Konflikten deeskalierend agieren, ohne dabei ihre Autorität aufzugeben, geben KuJ ein wertvolles Rollen- und Handlungsmodell für einen konstruktiven und sozialverträglichen Umgang mit interpersonalen Konflikten.

Die Deeskalation von hochangespannten KuJ bedeutet in der Regel nicht eine Lösung von Problemen. Die Techniken und Prinzipien der Deeskalation können für sich stehen, oder in ein ganzheitlich-systemisches Gewaltpräventionskonzept eingebettet sein. Das ist wie beim Brandschutz: Die Techniken und Prinzipien des Feuerlöschens sind nicht das Brandschutzkonzept, sondern ein wichtiger Teil davon.

2. Handlungsleitfaden

Es gibt leider keine allgemein gültigen und auf jede Situation passenden Deeskalationstechniken (vgl. Unfallkasse NRW 2010, 40) und es wird sie auch nie geben. Zu viele Variablen beeinflussen aggressiv-eskalierendes Verhalten bzw. aggressiv-eskalierende Interaktionen, als dass diese mit Hilfe einer universellen Technik „gelöst" werden könnten.
Vielleicht überrascht es Sie nun, dass im Folgenden dennoch ein 5-schrittiger Deeskalationsplan zur Beruhigung emotional-hochangespannter KuJ vorgestellt wird. Dieser Plan funktioniert tatsächlich auch wie ein Fahrplan. Man geht systematisch die Schritte nacheinander durch. Dabei wird erst ein Schritt vollständig beendet, bevor der nächste Schritt getan wird. Wird der Prozess zwischendurch unterbrochen, so beginnt man evtl. erneut von vorne oder steigt verzögert an dem Punkt der Unterbrechung wieder ein.
Da hochangespannte Menschen sich nicht mehr rational verhalten und sich schnell bedroht oder gar angegriffen fühlen, werden bewusst Techniken eingesetzt, die unter diesen Voraussetzungen auch wirken. Dieser Plan stellt einzelne Prinzipien und Schritte vor, die im Rahmen einer erfolgreichen Deeskalation erfüllt werden müssen. Wie und mit welchen einzelnen Techniken dies erfolgt, das bleibt offen. Die hier vorgestellten Strategien und Techniken sind theoretisch begründet und haben sich vielfach in der Praxis bewährt.
Der Vorteil eines festen Plans ist, dass man sich nach einer Phase der Einprägung auch in Momenten hoher Anspannung daran erinnern und diesen dann auch abrufen kann. Es ist zu erwarten, dass man auch als Profi im Umgang mit hochangespannten KuJ selber angespannt und entsprechend kognitiv eingeschränkt ist. Damit man in diesen Momenten immer noch sinnvoll und zielgerichtet agieren kann, erscheint es zielführend, sich an einen festen Ablaufplan zu halten, der im Vorhinein in einem Zustand völliger geistiger Präsenz entstanden ist. „Es macht daher Sinn, im Vorfeld, sozusagen ‚mit klarem Kopf', zu erarbeiten, was getan werden kann und getan werden muss, bevor berechtigte Emotionen ein professionelles Handeln erschweren" (Bundschuh 2010, 67). Der Umstand, einen abrufbaren „Grundfahrplan" zu haben, führt dazu, dass sich PädagogInnen in Eskalationen länger handlungsfähig fühlen und zeigen. Sie beugen somit aktiv dem Entstehen von Ohnmacht (einem sehr prominenten Eskalationsfaktor) vor.
Die Orientierung an einem Plan soll Sie jedoch nicht davon abhalten, ergänzende Dinge einzubauen, denn „jede Deeskalation ist abhängig von der jeweiligen Situation und den handelnden Personen mit ihren individuellen Erfahrungen und Ressourcen" (Unfallkasse NRW 2010, 40). Ein Verfahrensplan bietet somit einen

groben Handlungsplan, der situativ und personenbezogen ergänzt und verändert werden kann und z. T. auch ergänzt werden muss.

Vergleichen Sie die Nützlichkeit und Praxistauglichkeit mit der eines Erste-Hilfe-Konzeptes. Grundsätzlich ist sehr empfehlenswert, sich in Erste-Hilfe-Situationen an einen bestimmten Ablauf zu halten. Je mehr allgemeines und situatives Spezialwissen und Spezialkönnen Sie besitzen, desto eher ist es Ihnen möglich, auch abweichend von diesem Plan und somit individuell und auch situativ passender zu agieren ... aber nur dann!!!

Der im Folgenden dargestellte Ablaufplan ist dabei so simpel wie effektiv und kann in vielen Kontexten so oder mit geringfügigen Anpassungen angewendet werden:

Abbildung 22

Wichtig ist zu erwähnen, dass eine deeskalierende Intervention immer Risiken für die Intervenierenden birgt. Demnach sollte man bei akuter Hochanspannung nur dann direkt intervenieren, wenn durch die Eskalation eine akute und unzumutbare Selbst- oder Fremdgefährdung bei den bzw. durch die KuJ entsteht (vgl. Haupt-Scherer 2018, 37). Wenn dies nicht der Fall ist, dann warten Sie ab, bis die KuJ von selber wieder in die Selbststeuerung kommen (ebd.).

(siehe Abbildung 22, Seite 118)

2.1 Eigensicherung

Dieser Aspekt ist schon in der Situationseinschätzung berücksichtigt worden (vgl. dazu auch Dutschmann 2001, Nr. 46, 76 f.).

a) Halten Sie ausreichend Abstand

Prinzipiell ist es so, dass die körperliche Nähe vertrauter Personen von KuJ als beruhigend wahrgenommen wird (vgl. Dutschmann 2013, 49). Wenn wir es in der Praxis allerdings mit (hoch-)angespannten KuJ zu tun haben, dann kann es trotz aller Vertrautheit dazu kommen, dass die KuJ, sonst harmlos eingestufte Berührungen, Blicke und Bemerkungen als provokativ oder bedrohlich auffassen und unerwartet körperliche Aggression gegen die „HelferInnen" richten (vgl. Dutschmann 2003, 22). In diesem Fall könnte eine rasante und gefährliche Eskalation der Situation entstehen. Die persönliche Sicherheit der PädagogInnen steht in solchen Fällen vor dem Wohl der KuJ. Dies klingt vielleicht sehr kalt und hart, jedoch können PädagogInnen sich nicht mehr fürsorglich und sichernd um KuJ kümmern, wenn sie selber ernsthaft Schaden nehmen und/oder maßgeblich verunsichert werden.

Um dem vorzubeugen, sollte man bei dem Versuch, hochangespannte KuJ zu beruhigen, zunächst auf einen ausreichenden räumlichen und emotionalen Abstand achten. Durch einen sicht- und spürbaren räumlichen Abstand zu den KuJ geben Sie diesen auch eine faire Chance, Sie zunächst wahrzunehmen und die Situation, die sich durch Ihr Auftreten verändert, neu zu bewerten. Hochangespannte KuJ fühlen sich akut bedroht. Logischerweise nimmt ihr Gehirn also alle neu eintreffenden Reize auch bevorzugt so wahr (vgl. Verra 2016, 81). Kommen HelferInnen ihnen in der Kontaktaufnahme subjektiv zu nah, dann kann dies verständlicherweise dazu führen, dass sie sich durch das Auftreten der HelferInnen noch mehr bedroht oder gar angegriffen fühlen und dann ihnen gegenüber aggressiv agieren (vgl. Bauer 2008, 88). Empfehlenswert sind in solchen Situationen ca. 2 Armlängen Abstand (gemessen an der Armlänge der KuJ!). Wenn die KuJ Ihnen bei der Kontaktaufnahme den Rücken zudrehen, sollte der Abstand noch etwas größer sein. Sie können ja nicht abschätzen, ob die KuJ evtl. einen Gegenstand in den Händen halten, oder ob sie sich beim Umdrehen automatisch in Ihre Richtung bewegen. Wenn Sie dann im Verlauf der Interaktion erkennen, dass Sie als Helfer angenommen werden und sich Ihr Gegenüber beruhigt, dann wird eine Distanzverringerung wahrscheinlich nicht mehr so risikoreich sein (vgl. Dutschmann 2001, Nr. 46, 41).

b) Halten Sie nach potenziellen Gefahrenquellen Ausschau

„Scannen" Sie Ihre Umgebung und verschaffen Sie sich einen Überblick, wo welche potenziellen Risiken bestehen. Dies können räumliche/bauliche Aspekte (wie z. B. Treppen, Stufen, Möbel, ...), das Vorhandensein von potenziellen Waffen (alle Gegenstände, die als Waffe genutzt werden könnten) oder potenzielle UnterstützerInnen der aggressiv ausagierenden KuJ sein.

Um sich hier zu trainieren, können Sie hin und wieder einmal einen entsprechenden Scan Ihrer Umgebung durchführen, auch wenn es keinerlei externen Anlass dazu gibt.

Diese Form der Wahrnehmungsschulung ist völlig alltagskompatibel. Dazu können Sie auch einmal Ihre Arbeitsplatzeinrichtung überprüfen. Gibt es hier Gegenstände, die einem potenziellen Aggressor als Waffe dienen könnten? Falls Sie fündig werden, prüfen Sie, ob diese Gegenstände durch weniger „gefährliche" ersetzt werden können (vgl. Dutschmann 2001, Nr. 46, 41).

c) Den Fluchtweg erreichbar halten

Jede Interaktion mit hochangespannten KuJ kann für HelferInnen prinzipiell gefährlich werden. Mit Blick auf die Eigensicherung sollten Sie deshalb immer im Blick haben, wie Sie die Situation räumlich wieder verlassen können. Nennen Sie es Flucht, Rückzug, ...! Es geht darum, möglichst außer Reichweite potenzieller Angreifer zu kommen.

In Räumen mit nur einer Tür sollten Sie, wenn irgendwie möglich, z. B. dafür sorgen, dass die KuJ sich nicht zwischen Ihnen und der Tür positionieren können.

Beachten Sie aber dabei, dass Sie dabei nicht den Fluchtweg bzw. Ausweg der KuJ versperren. Es ist also nicht ratsam, sich direkt in den Fluchtweg zu stellen. Dies kann ein Eskalationsfaktor sein. Sie müssen den Fluchtweg für sich selber nur gut erreichbar halten (vgl. Dutschmann 2001, Nr. 46, 39).

Wenn Sie regelmäßig Klientenkontakt in Ihrem Büro haben, ist es empfehlenswert, die Raumaufteilung dahingehend zu prüfen, welche Fluchtwege sich für Sie ergeben würden, falls ein Aggressor Ihr Büro betritt. Eine zusätzliche Überlegung sollte dann sein, wie Sie im Falle eines versperrten Fluchtweges Hilfe bekommen könnten. Dazu gibt es schon viele erprobte und bewährte Konzepte. Welche wo und wie alltagskompatibel und umsetzbar sind, soll an dieser Stelle nicht weiter thematisiert werden. Diese Fragen müssen vor Ort in den einzelnen Einrichtungen gestellt und geklärt werden.

d) Hände vor dem Oberkörper

Halten Sie die Hände unauffällig vor dem Oberkörper! Dies ist eine Vorbereitung auf einen potenziellen Angriff. So könnten Sie Ihre Hände sehr schnell dazu benutzen, um sich zu schützen. Hängen die Hände im Moment des Angriffs neben dem Körper oder befinden sich gar in den Hosentaschen, brauchen Sie evtl. den einen entscheidenden Moment länger, den Sie möglicherweise gerade nicht haben.

Körpersprache hat vor allem in Anspannungssituationen eine sehr wichtige Bedeutung. Von daher empfiehlt es sich ohnehin, die Hände zur Unterstützung der verbalen Kommunikation zu nutzen. Tun sie dies, haben Sie die Hände an der Stelle, wo Sie sie hoffentlich nicht brauchen. Mehr zum Thema Körpersprache erfahren Sie in Abschnitt 2.4.3.

Sie sollten klassische Verteidigungshaltungen (die in vielen Kampfsportarten gelehrt werden) vermeiden. Diese senden wenig deeskalierende Signale. Stattdessen signalisieren Sie damit Ihre Kampfbreitschaft und wirkend potenziell herausfordernd bis bedrohlich. Die Einnahme einer Verteidigungshaltung erscheint nur dann sinnvoll, wenn ein körperlicher Angriff unmittelbar bevorsteht und nicht mehr anderweitig abgewendet werden kann. In diesem Fall kann die Einnahme der Verteidigungshaltung einen strategischen Vorteil bringen.

e) Stehen Sie sicher und stabil

Ein sicherer Stand ist die Grundlage für eine sichere Bewegung. Ein sicherer Stand hat dabei die Eigenschaft, dass er ausreichend Stabilität gibt und verhindert, dass man stolpert oder fällt. Dabei muss beachtet werden, dass der Stand in alle Richtungen (hinten, vorne, rechts, links) Stabilität geben muss. Im stabilen Stand ist man in der Lage, sein Körpergewicht spontan ohne Schritt auf ein einzelnes Bein zu verlagern und damit Ausgleichs- und Ausweichbewegungen zu tätigen.

Der stabile Stand gibt auch die Möglichkeit, unmittelbar einen Schritt in eine der oben genannten Richtungen zu machen.

Damit man stabil steht, muss dafür gesorgt werden, dass der Körperschwerpunkt sich nicht zu weit vom Körpermittelpunkt entfernt. So ein stabiler Stand ist in der

Regel dann gegeben, wenn sich die Füße in einer leichten Schrittposition befinden. Der Abstand der Füße zueinander ist dabei ungefähr so groß, wie er bei einem normalen Schritt der Person ist.
Ein weiterer wichtiger Faktor für einen stabilen Stand ist ein Schuhwerk, das einen stabilen Stand ermöglicht. Schuhwerk, in dem die Füße sich locker bewegen und rutschen (z. B. Flip Flops) sind nicht dazu geeignet, einen optimalen sicheren Stand zu ermöglichen.

Diese oben beschriebenen Sicherheitsgedanken sollen nicht abschrecken und auch keine unnötige Angst vor Übergriffen verbreiten. Sie sind Teil einer professionellen Vorbereitung. Ihre Sicherheit ist wichtig, denn wenn Sie selber nicht sicher sind, dann können Sie sich nicht mit voller Aufmerksamkeit dem Wohl der KuJ widmen. Insofern könnte man die eigene Absicherung auch als indirekte Fürsorge für die KuJ bezeichnen.

2.2 Unterbrechung und Kontaktaufbau

Wenn Sie keinen bestätigten Kontakt zu einem Menschen haben, können Sie nicht sicherstellen, dass Ihre Botschaften von ihm/ihr wahrgenommen werden. Sprechen Sie die hochangespannten KuJ direkt mit ihrem Namen an (vgl. Dutschmann 2001, Nr. 46, 77). Passen Sie dabei Ihre Kommunikationsintensität dem Anspannungslevel der KuJ an. Es kann sein, dass Sie dabei sehr laut werden müssen, da die KuJ selber sehr laut sind und Sie sonst nicht wahrnehmen würden. Möglicherweise müssen Sie schreien. Bitte achten Sie in diesem Fall darauf, dass Sie nur deswegen schreien, damit Sie zu den KuJ durchdringen können und von ihnen wahrgenommen werden. Ihr Schreien dient also ausschließlich dem Kontaktaufbau und nicht dem Transport von weiteren Botschaften (z. B. persönlichem Ärger o. ä.). Wenn Sie sich daran halten, dann sinkt das Risiko, dass sich die KuJ von Ihnen „angeschrieen“ oder anderweitig verbal attackiert fühlen. Ebenso verhält es sich mit der Wahrnehmung durch Außenstehende.
U.U. kann es hilfreich sein, wenn Sie Ihre Stimme z. B. durch ein lautes in die Hände Klatschen unterstützen. Dieses Geräusch ist „organisch“ und wirkt weniger provokant, als z. B. das Pfeifen mit einen Trillerpfeife. Das Klatschen kann vor allem dann sehr hilfreich sein, wenn Sie in einer Situation intervenieren, in der viel Geschrei herrscht. Wenn Sie nun auch noch schreien (z. B. den Namen der KuJ), dann besteht die „Gefahr“, dass Ihr Schreien in dem allgemeinen Geschrei untergeht und Sie nicht zu den KuJ durchdringen. Wenn Sie sich vor oder bei dem

„In die Hände Klatschen" in das Sichtfeld der Empfänger bewegen, dann steigt die Chance der Kontaktbestätigung weiter. Dies liegt vor allem daran, dass wir Menschen „visuelle Wesen sind" und auf Bewegungswahrnehmung in der Regel intuitiv und reflexartig reagieren (Verra 2016, 132 f.). Das Hineinbewegen in das Sichtfeld alleine ist schon ein relevanter Bewegungsreiz. Wenn dann noch die Klatschbewegung der Hände hinzukommt, wird dieser Reiz erheblich verstärkt. Ein weiterer positiver Nebeneffekt des Klatschens ist, dass Sie dabei die Hände direkt in Vorhalte haben, und diese somit im Bedarfsfall zum Selbstschutz einsetzen können. Arbeiten Sie mit geistig eingeschränkten Menschen, ist es zusätzlich ratsam, sich soweit möglich **zuerst** in das Blickfeld der Person zu begeben und dann mit akustischen Signalen zu arbeiten. Um sich ins Blickfeld einer Person zu begeben, müssen sie sich nicht frontal vor diese stellen. Dies ist im Kontakt mit hochangespannten Menschen nicht ratsam. Positionieren Sie sich besser leicht seitlich zur angesprochenen Person.
Falls der distanzierte Kontaktaufbau nicht erfolgreich ist, überlegen Sie sich Alternativen, wie Sie ohne den Aufbau von direktem Körperkontakt die Aufmerksamkeit der KuJ erlangen können. Eine Möglichkeit sind dabei „indirekte Körperreize". Damit sind körperliche Berührungen gemeint, die nicht durch unmittelbaren Körperkontakt entstehen. Beispiele für solche Berührungen sind das Werfen von Tüchern, Kissen o. Ä. Ehrlicherweise muss man hier anmerken, dass das Werfen von weichen Gegenständen auf hochangespannte Personen zum Zweck des Kontaktaufbaus auch hochgradig missverstanden werden kann. Die Gefahr, dass sich die „EmpfängerIn" beworfen, also angegriffen fühlt, ist wohl recht groß! Auf keinen Fall sollten harte Gegenstände geworfen werden. So werden Schmerzreize und Verletzungen vermieden.

Wenn Sie einen bestätigten Kontakt (z. B. verbale Reaktion oder Blickkontakt) haben, machen Sie **unmittelbar folgend** den nächsten Schritt. Ansonsten wird es wohl so kommen, dass die hochangespannten KuJ wieder in ihr vorheriges Muster zurückkehren und Ihr Kontakt abbricht.
Wenn die KuJ im weiteren Verlauf den Kontakt abbrechen und sich wieder in Rage reden/bringen, kehren Sie direkt zu diesem Punkt zurück. Unterbrechen Sie die KuJ schnell durch Klatschen und Rufen ihres Namens, damit diese sich gar nicht mehr „richtig in Fahrt bringen" können. Passivität kann in diesem Moment sehr destruktiv sein, weil sie den KuJ den Raum bietet, sich selber wieder unter Hochanspannung zu bringen.
Falls Sie für sich, in Kenntnis aller benannten Risiken, entscheiden, mit körperlicher Berührung zu arbeiten, ist es empfehlenswert, sich zunächst behutsam im

Blickfeld der erregten Person anzunähern und dabei die verbale Kontaktaufnahme, wie oben beschrieben, anzuwenden. Nähern Sie sich dabei wenn möglich von schräg vorne. So können die KuJ Sie noch gut sehen, aber Sie versperren nicht ihren direkten Fluchtweg und Sie erscheinen nicht so konfrontativ. Weichen die KuJ nicht zurück und zeigen kein Ansteigen der Aggression, so können Sie eine vorsichtige Testberührung ausführen. Am geeignetsten erscheinen hier Berührungen der Hand, bzw. äußeren Schulter mit den eigenen Fingerspitzen. Die Reaktion hierauf wird Ihnen eine Orientierung dazu geben, ob die KuJ Körperkontakt zulassen wollen oder nicht. Nehmen Sie dabei Abwehr oder Rückzugsanzeichen bei den KuJ war, dann sollte der körperliche Kontakt ab hier wohl erst einmal nicht weiter bemüht werden.

2.3 Emotionaler Zugang

In diesem Schritt geht es darum, eine situative Beziehung zu den KuJ aufzubauen. Dem hochangespannten KuJ soll signalisiert werden, dass man wahrgenommen hat, dass es ihm/ihr gerade nicht gut geht und dass man sich dafür interessiert (vgl. Dutschmann 2003, Nr. 44, 55 f.). Als intervenierende PädagogIn versuchen Sie, durch diesen Schritt für die KuJ situativ zur „relevanten Kontaktperson" zu werden. Hierbei nutzen Sie das Prinzip des „Rapport". Dies bedeutet grob: Wenn Menschen miteinander in Kontakt treten, dann passen sie in der Regel ihren nonverbalen und verbalen Kommunikationsstil an den Stil ihrer KommunikationspartnerInnen an. Man sagt, „sie stellen Rapport her". Dies geschieht wechselseitig. Im non-verbalen Bereich geschieht dies vor allem durch eine Anpassung in der Mimik und Gestik, sowie im Raum- und Distanzverhalten. Im verbalen Bereich werden u. a. die Wortwahl, die Lautstärke, Tonlage und Sprechgeschwindigkeit angepasst (vgl. Stangl 2021).

Hochangespannte Menschen sind nicht oder nur eingeschränkt fähig, selber Rapport herzustellen. Sie befinden sich i. d. R. in einer Situation großer innerer Not. Häufig haben sie das Gefühl, mit einem großen Problem nicht fertigzuwerden und dabei auch noch alleine gelassen zu werden. Diese Wahrnehmung ist höchst subjektiv, dennoch ist sie für die betroffenen KuJ die subjektive Wahrheit. Durch die im Folgenden beschriebene Technik wird den KuJ signalisiert, dass sie in ihrer „Not" wahr- und ernstgenommen werden. Ihr Verhalten und ihre Wahrnehmung werden maßgeblich durch das sogenannte „Emotionsgehirn" gesteuert. Interventionen, die auf der kognitiven Ebene stattfinden (z. B. Appellieren an die Ver-

nunft), haben zu diesem Zeitpunkt deshalb wenig bis keine Aussicht auf Erfolg. Es ist also ein emotionaler Zugang notwendig.
An dieser Stelle wird die Technik der „wertfreien Verhaltensspiegelung“ angewendet. Dabei wird das Spiegeln, in Anlehnung an Carl Rogers, als Interventionstechnik zur Verbalisierung emotionaler Erlebnisinhalte eingesetzt (vgl. Elbing u. a. o. J.; Dutschmann 2003, 45, 63). Durch den Einsatz dieser Technik soll den hochangespannten KuJ verstehbar signalisiert werden, dass ihre emotionale Situation und ihr Anliegen verstanden werden. Elementar ist dabei, dass die Formulierung frei von jeglichem Vorwurf oder Angriff ist. Dies gilt sowohl für die Wortwahl als auch für die Körpersprache. Dabei sollte man sich dessen bewusst sein, dass sich KuJ in Hochanspannung (orangene und rote Phase) schneller persönlich beschuldigt oder angegriffen fühlen, als wenn sie „normal“ angespannt sind (grüne Phase).
Die Erkenntnis, dass sie in ihrer emotionalen Not wahrgenommen und verstanden werden, kann bei den KuJ schon einen bedeutsamen deeskalierenden Einfluss haben (vgl. Dutschmann 2001, Nr. 46, 58).

Hier einige Beispiele für eine wertfreie und empathische Formulierung:

- *„Hey Tanja! Du bist ja total wütend!“*
- *„Hallo, Jan! Mann, du bist ja richtig sauer!“*
- *„Hallo Cem!! Du bist ja total außer dir!“*
- *„Hey!! Ihr habt ja riesigen Stress miteinander!“*

In der Praxis neigen wir häufig zu ansozialisierten Eingangsformulierungen wie z. B.

- *„Beruhig dich!“*
- *„Komm mal runter!“*
- *„Entspann dich mal!“*
- *„Mach mal langsam!“*
- *„Alles gut!“*
- *„Reg dich nicht auf!“*

Im Prinzip sind das alles wertvolle Ideen ... ABER überprüfen Sie selbst einmal, wie eine solche Formulierung auf Sie wirken würde, wenn Sie gerade unter sehr großer emotionaler Anspannung stehen. Wer schon einmal richtig wütend gewesen ist, weiß wie gut oder schlecht solche Formulierungen wirken. Sie haben durchaus das Potenzial, eine Eskalation weiter anzuheizen. Sich solche Einstiegsfloskeln ab-

zugewöhnen und durch andere (s. o.), hilfreichere zu ersetzen ist meist ein ordentliches Stück Arbeit, die sich aber lohnt.
Wenn die angesprochenen KuJ große motorische Unruhe zeigen, dann ist es hilfreich, sich auch leicht mitzubewegen und somit den körperlichen Zustand der KuJ in Ansätzen zu spiegeln. Damit ist nicht gemeint, die Bewegung der KuJ 1:1 nachzumachen. So können Sie aber den KuJ sichtbar machen, dass Sie ihre Emotion wahrnehmen und verstehen. Wenn Sie beim Spiegeln selber eine ganz passive, neutrale und formelle Körpersprache zeigen, dann wirkt dies tendenziell zu distanziert und unpassend. „Schwingen" Sie ein wenig mit! Verkörpern Sie Ihr Einfühlen!
Wenn es gut läuft, dann fühlen sich die KuJ nicht nur verstanden, sondern sie „fühlen sich gefühlt"!
Dieser Umstand selber hat schon das Potenzial, einiges an Anspannung bei den KuJ zu reduzieren.

Überlegen Sie einmal, wie Sie sich körpersprachlich verhalten würden, wenn sie einen offensichtlich sehr traurigen und sitzenden Menschen ansprechen würden. Sie würden sich sicherlich nicht neutral und formell gerade neben ihn/sie setzen ... sondern sie würden sich der sichtbaren Grundhaltung der Person tendenziell anpassen, um zu signalisieren: „Ich bekomme mit wie es dir geht!" Nichts anderes tun wir, wenn wir mit hochangespannten Menschen tendenziell „mitgehen" ... nur kostet uns dies i. d. R. mehr Überwindung.

2.4 Spannungsreduktion

Wenn Sie erfolgreich mit den KuJ in Kontakt gekommen sind, dann haben Sie oft nur einen kurzen Augenblick Zeit, um weiterzumachen. Wenn Sie jetzt für die KuJ nichts Relevantes anzubieten haben, dann werden Sie den Kontakt zu den KuJ wahrscheinlich wieder verlieren und müssen diesen erneut aufbauen. Grundsätzlich sollten Sie davon ausgehen, dass sie im Prozess einer Deeskalation von hochangespannten KuJ mehrfach neu ansetzen müssen, weil der Kontakt zu diesen zwischenzeitlich abbricht.
Achten Sie darauf, dass Sie in dieser Phase „ganz bei den KuJ" sind. In der Regel sind diese in ihrer akuten Aufregung nicht an der Meinung anderer Personen interessiert (vgl. Dutschmann 2001, Nr. 46, 48). Vielmehr kann ein zu frühes Benen-

nen der eigenen Meinung etc. durch die PädagogInnen dazu führen, dass die KuJ sich nicht ausreichend wahrgenommen fühlen. Nicht selten erwarten die KuJ in solchen Momenten, dass die Erwachsenen moralisieren oder sie belehren wollen. Dann machen sie häufig einfach dicht. Direkt, konsequent und ehrlich nach ihrer Perspektive gefragt zu werden irritiert viele KuJ (positiv). Verzichten Sie also auf alles, was als „Moralpredigt", „Besserwisserei", „Klugschwätzerei" oder Belehrung (miss-)verstanden werden könnte.
Im Rahmen der Spannungsreduktion macht es nun einen großen Unterschied, ob Sie bereits sicher wissen, was die Ursache der Hochanspannung der KuJ ist, oder ob Sie das nicht wissen.

Folgende Faktoren haben das Potenzial, emotionale Anspannung bei KuJ akut zu reduzieren:

- Ablenkung
- Bedürfnisbefriedigung
- Akute Versorgung
- Zuhören, Ernstnehmen
- Verstehen und Verständnis
- Hilfe anbieten / leisten
- In Ruhe lassen
- Körperliche Beruhigung
- Sichernde Präsenz
- Bewegung / kontrolliertes Ausagieren

Die spannungsreduzierende Wirkung von Bewegung liegt darin begründet, dass diese den angespannten KuJ unter anderem dabei hilft, sich wieder im Hier und Jetzt zu verorten, Stresshormone abzubauen, sowie die Koordination und Zusammenarbeit von rechter und linker Hirnhälfte zu verbessern (vgl. Haupt-Scherer 2018, 34 f.).
Sie sehen, dass es bei weitem nicht *„die eine richtige Strategie"* gibt. Je nachdem, welche akute Situationsdynamik Sie vorfinden, können Sie mit der einen Technik Spannungsreduktion fördern, und mit einer anderen würden Sie sogar mehr Spannung aufbauen und die Eskalation weiter anheizen. Einige der oben aufgezählten Strategien erklären sich von selbst und andere können mit Hilfe verschiedener Techniken umgesetzt werden. Im Folgenden wird die Technik des „Genauerns" vorgestellt. Diese Technik fasst die Faktoren Zuhören, Ernstnehmen, Verstehen, Verständnis, Hilfe anbieten und sichernde Präsenz in einer Technik zusammen und ist somit hoch effektiv.

Verbales und emotionales Genauern

Diese Technik lässt sich grundsätzlich in jedem Gesprächskontext anwenden, auch wenn Sie je nach Dynamik ein wenig angepasst werden muss.

Das finale Ziel dieser Technik ist es, dass sowohl die deeskalierenden PädagogInnen als auch die betroffenen KuJ möglichst viele Informationen darüber sammeln, welche Primäremotion dem eskalierenden Verhalten zu Grunde liegt. „Primäre Emotionen sind echte Emotionen, die direkt als Reaktion auf eine bestimmte Situation folgen“ (Dutschmann 2013, 35 f.). Sekundäre Emotionen entwickeln sich dann aus der primären Emotion heraus und sind somit eine Reaktion auf die primäre Emotion.

Die sekundären Emotionen werden bei aggressiv-hochangespannten KuJ nach außen eher sichtbar, als die darunter liegende Primäremotion. Die Folge ist oft, dass sich Intervenierende nur auf die sekundäre Emotion konzentrieren, damit aber nicht an das eigentliche „Thema“ herankommen.

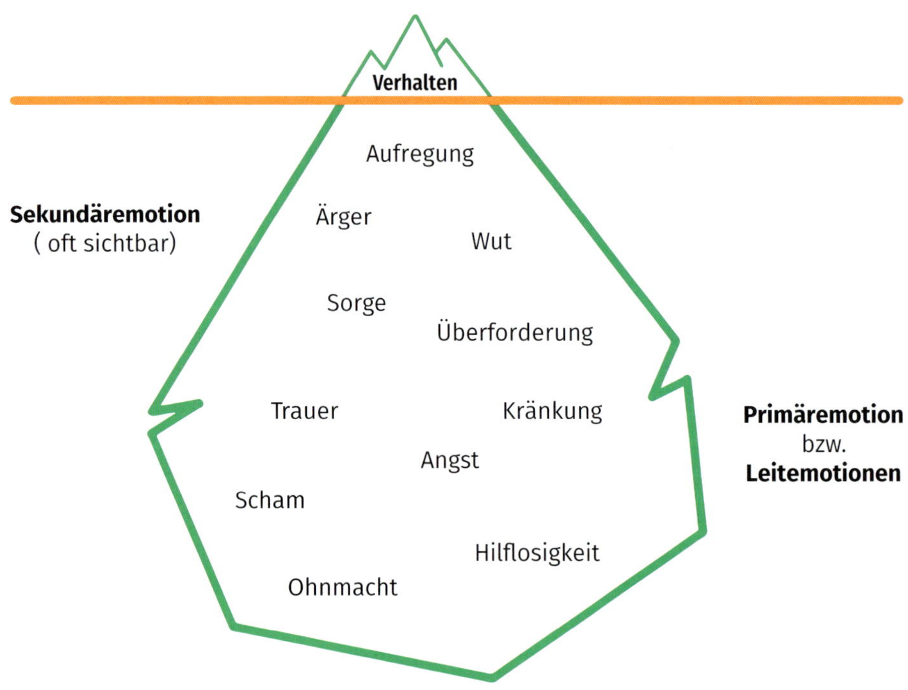

Abbildung 23

Daher empfiehlt es sich, den Schritt des Genauerns wirklich bewusst und ausführlich umzusetzen, um möglichst eine genaue Vorstellung von der Primäremotion zu erhalten. Im Verlauf des Prozesses provoziert man die KuJ dazu, wieder „das Großhirn zu nutzen", um die im Prozess des Genauerns gestellten Fragen zu beantworten. Durch die passenden Fragen kann also die Rückkehr von der „Stammhirnsteuerung" in die „Großhirnsteuerung" unterstützt werden. Hinzu kommt, dass das Gespräch einige Zeit dauert. In dieser Zeit kann vorhandenes Adrenalin abgebaut werden. Dies hilft massiv bei der Beruhigung. Dazu wird wahrscheinlich auch die Produktion von neuem Adrenalin reduziert oder sogar gestoppt, da es keine weitere Bedrohungswahrnehmung auf Seiten der KuJ gibt.

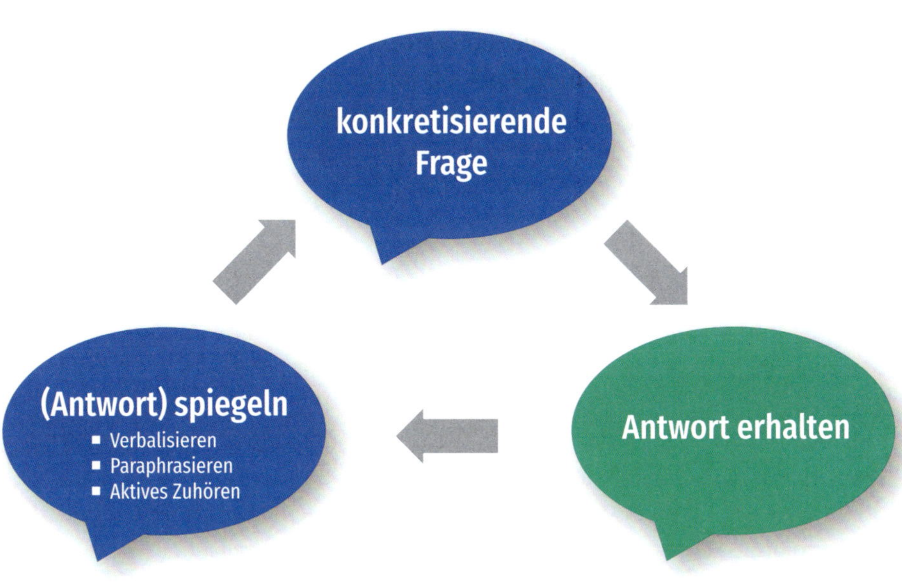

Abbildung 24

Wie funktioniert die Technik des Genauerns? Sie besteht aus einer Kombination des Spiegelns, des Formulierens von offenen, konkretisierenden Fragen und des sehr genauen Zuhörens.

Es ist empfehlenswert, in dieser Phase auf „Warum"-Fragen zu verzichten. Zwar gibt es inhaltlich erst einmal nichts gegen diese Fragen einzuwenden, man fragt nach einem Grund für etwas, allerdings werden „Warum"-Fragen, gerade von angespannten KuJ recht häufig als Aufruf zur Rechtfertigung und somit als indirekter Schuldvorwurf verstanden. Vermeiden Sie auch geschlossene Fragen, auf die man einfach mit „Ja" und „Nein" antworten kann. Diese helfen nur bedingt weiter. Nutzen Sie stattdessen offene und konkretisierende Fragen: „Wo, Wann, Wie, Was, Wer, Wie oft, Welche, ..." (vgl. Dutschmann 2001, Nr. 46, 49). Diese animieren die KuJ dazu nachzudenken und ihre Wahrnehmung und Gefühle umfangreicher zu verbalisieren. So werden die KuJ auch dabei unterstützt, wieder ihr Großhirn „zu aktivieren" und somit die „Stammhirnsteuerung" zu verlassen. Sie geben den KuJ eine Unterstützung bei der Introspektion und gleichzeitig sammeln Sie Informationen, mit deren Hilfe Sie dann Unterstützungs- und Lösungsideen entwickeln können. Und ganz nebenbei leisten sie eine hochemotionale Beziehungsarbeit. Allgemein ist beim Einsatz des Spiegelns von Bedeutung, dass man wirklich empathisch in Kontakt mit den KuJ geht und sich nicht auf das mechanische Rezitieren des Gesagten beschränkt.

Es gibt dabei verschiedene Formen des Spiegelns, die nun kurz beschrieben werden:

a) Verbalisieren
Die spiegelnde Person versucht die Emotionen, die bei der GesprächspartnerIn wahrgenommen werden, mit Worten wiederzugeben. Bei der Spiegelung ist zu beachten, dass diese nicht als Unterstellung missverstanden wird.

b) Paraphrasieren
Die spiegelnde Person wiederholt und umschreibt das von der GesprächspartnerIn Gesagte mit eigenen Worten und nach eigenem Verständnis. Es handelt sich also um eine sachbezogen Rückversicherung. Formulierungseinstiege könnten dabei sein „Sie sagen ...", „Sie meinen ...", „Verstehe ich Sie richtig, dass Sie ...?".

c) Wertfreie Verhaltenswiderspiegelung
Die spiegelnde Person formuliert mit Worten das von ihr wahrgenommene Ver-

halten einer anderen Person. Diese Form der Spiegelung kann gut mit der Technik des Verbalisierens verbunden werden.

d) Non-verbale Spiegelung
Diese Form der Spiegelung arbeitet damit, dass die spiegelnde Person Gestik und Mimik einer anderen Person ansatzweise nachahmt. Diese Technik berücksichtigt den Umstand, dass gerade Menschen in hoher Anspannung (auch eine Form geistiger Einschränkung) sich vor allem non-verbal ausdrücken. Die Technik kann sehr gut mit den Techniken der wertfreien Verhaltenswiderspiegelung kombiniert werden.
Beim Einsatz dieser Technik muss dringend darauf geachtet werden, dass sich die gespiegelten Personen nicht nachgeäfft fühlen.

In der direkten Verknüpfung mit der Phase des emotionalen Zugangs könnte das im Gesprächseinstieg wie folgt aussehen:
„Hey! Jan! Mann, du bist ja richtig sauer! Was ist passiert, dass du so sauer geworden bist?“
Wählen Sie dabei die Worte, die zu Ihnen und zur Situation passen.

Die KuJ sollen spüren, dass man sie in ihrer Emotion wahrnimmt, sie versteht und annimmt.

Sollten die KuJ in ihren Erzählungen einen Punkt nach dem anderen nennen und sich „richtig in Rage reden“, dann macht es Sinn, sie höflich aber bestimmt zu unterbrechen und sie zu bitten, „langsamer“ zu berichten und sich vorerst auf die „wichtigsten“ Aspekte zu beschränken.

Dies könnte z. B. so geschehen:
„... Hey Jan! Stopp, stopp. Das geht mir zu schnell. Da komme ich nicht mit. Was genau war jetzt der Punkt, der dich am meisten geärgert hat?“
Mit dem Zusatz „Das geht mir zu schnell. Da komme ich nicht mit. Hilf mir bitte, das zu Verstehen.“ übernehmen Sie die Verantwortung für die Unterbrechung. Sie erhöhen somit die Position des KuJ, die der erwachsenen Autorität Hilfe leisten soll. Dies kann die störende Wirkung der Unterbrechung spürbar abmildern.
Wenn die KuJ in ihren Berichten stark emotional geladene Aussagen treffen, kann eine 1:1-Spiegelung dazu führen, dass die KuJ in ihrer Aggression noch verstärkt

werden. In diesen Fällen erscheint es hilfreicher, die Botschaft in der Spiegelung zu versachlichen (vgl. Dutschmann 2003, 79).
Dazu ein Beispiel:
„Die blöde Schlampe hat mich den ganzen Tag schon abgefuckt!"
-> Versachlichung:
„Du fühlst dich den ganzen Tag schon von Alina provoziert?!"

In der Arbeit mit sehr jungen Kindern und mit geistig beeinträchtigten Menschen ist wichtig zu beachten, dass viele dieser Personen tendenziell über ein eingeschränktes Wissen über sich selber verfügen und somit auch ihre akuten Bedürfnisse weniger treffend benennen können. Bei KuJ, die einen kognitiven Entwicklungsstand bis zum 4. bis 6. Lebensjahr aufweisen, ist es nicht empfehlenswert, ihnen in dieser Phase mit offenen Fragen zu begegnen, da sie dies überfordern wird. Überforderung kann dabei als zusätzlicher Anspannung auslösender Reiz wirken. In dem Fall müssen die deeskalierenden Personen erahnen, welche Bedürfnisse / Emotionen bei den KuJ gerade leitend sind. Je eingeschränkter die angespannte Person ist, desto einfacher müssen die Fragestellungen werden, damit diese nicht überfordernd und somit selber zum anspannungsauslösenden Reiz werden. Dies führt zum dauerhaften Formulieren von geschlossenen Fragen. In diesem Fall führt die deeskalierende Autorität deutlich mehr durch den Prozess, als es in der vorher beschriebenen Variante der Fall ist.

Lassen Sie Pausen zu und halten Sie diese aus. Pausen, die nach einer Frage entstehen, bedeuten oft, dass die Gefragten gerade innerlich / gedanklich in sich gehen. Das ist in der Regel deeskalativ sehr hilfreich.

Umgang mit abwehrenden Reaktionen durch die KuJ
Wenn die KuJ auf Ihre Initiative wiederholt mit direkter Ablehnung (klare Äußerungen oder Signale) oder indirekter Ablehnung (Rückzug) reagieren, dann macht es keinen Sinn, unverändert fortzufahren. Signalisieren Sie, dass Sie die Ablehnung erkannt haben und dass Sie den Wunsch nach Abstand und Ruhe respektieren. Wenn Sie trotz der Abwehrsignale weiter fortfahren, ist es sehr realistisch, dass die KuJ sich von Ihnen missachtet und unter Druck gesetzt fühlen, was zu einer Verschärfung der Eskalation führen kann. Schätzen Sie situativ ein, ob Beharrlichkeit angeraten ist oder nicht!

Sollten sich die KuJ von Ihnen entfernen und dabei keine Gefahr (mehr) für andere und sich selber darstellen, kann man ihnen durchaus Raum geben und ihnen nicht direkt nachgehen. Dadurch würden Sie non-verbal spiegeln, dass Sie verstanden haben, dass die KuJ gerade in Ruhe gelassen werden wollen.
Es ist sicher ratsam, die Situation weiter im Blick zu haben und mit etwas Verzögerung erneut in Kontakt zu treten. Dies gilt natürlich nur, wenn akut keine Gefahr von den KuJ ausgeht!

Es ist unrealistisch zu erwarten, dass KuJ mit hohem Anspannungslevel durch eine einmalige Unterbrechung mit anschließendem Beziehungsaufbau und Genauern auf den Weg der Entspannung begleitet werden können. Vielmehr werden sie gerade zu Beginn der Deeskalation immer wieder in das alte Muster zurückkehren. Wenn dies geschieht, dann sollte man sie direkt nach dem oben beschriebenen Muster unterbrechen und „wieder von vorne beginnen". Die frühe Unterbrechung dient dazu, dass die KuJ sich nicht wieder voll in die Eskalation hineinsteigern können. Hier muss man als HelferIn viel Beharrlichkeit zeigen, denn sonst scheitert die Deeskalation.
Meist ist das härteste Stück Arbeit überhaupt, in einen bestätigten Kontakt mit den KuJ zu kommen (Erstkontakt). Wenn dieser einmal geglückt ist, dann wird es meist leichter fallen, im weiteren Verlauf immer wieder in Kontakt zu kommen, wenn dieser situativ verloren geht.

Ein realistischer Deeskalationsverlauf könnte wie folgt aussehen:
Zu Beginn der Deeskalation wird man den Eindruck haben, dass das Engagement „nichts bringt", da es schwer sein wird, bei den KuJ Veränderungen wahrzunehmen und weil sich die KuJ für eine gewissen Zeit noch in (Hoch-)Anspannung befinden und entsprechend auftreten. Umso wichtiger ist es „dranzubleiben" und kleine Signale wahrzunehmen, die ein Zeichen dafür sind, dass es „vorwärtsgeht".
Solche Signale sind z. B.:

- Die KuJ stellen kurz Blickkontakt zu den PädagogInnen her
- Die KuJ halten kurz inne (und machen dann weiter wie vorher)
- Die KuJ wenden sich von einer Sache ab und einer anderen zu
- Die KuJ reduzieren Lautstärke und Bewegungsintensität
- Die KuJ bleiben kurz stehen
- Die KuJ wenden sich den PädagogInnen zu

Es ist wichtig zu beachten, dass es Zeit braucht, damit der Stresslevel im Körper reguliert werden kann. Dies dauert bei Hochanspannung mindestens einige Minuten. Es wäre also ein sehr ungünstiger Schritt, wenn nicht sogar ein Fehler, von den KuJ eine unmittelbare Beruhigung zu erwarten. Solche Erwartungen sind nicht erfüllbar und führen nicht selten zu weiterem Stress und Eskalationspotenzial.

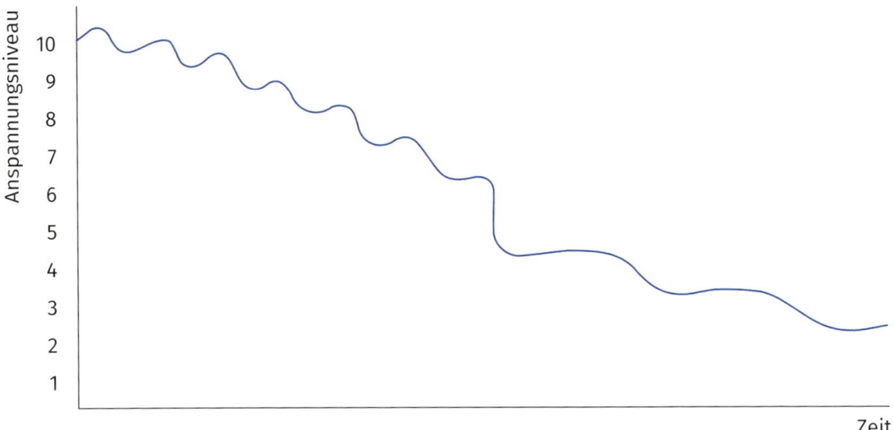

Abbildung 25

> Gerade bei den ersten Widerspiegelungen ist es oft sehr vorteilhaft, in Form einer Frage zu spiegeln. So entsteht die Situation, dass die KuJ auf die spiegelnde Frage aktiv mit „Ja" antworten können. Dieses „aktive Ja" erleichtert es den KuJ zu realisieren, dass da jemand ist, der sie versteht.

Es kommt vor, dass KuJ die Interaktion mit den deeskalierenden PädagogInnen während oder nach der Phase der emotionalen Beruhigung verlassen. In den meisten Fällen haben sich die KuJ dann sichtbar beruhigt. Sie entscheiden in diesem Moment, dass sie den weiteren Prozess der Deeskalation selber und ohne die Hilfe der Erwachsenen vollziehen möchten.

Diese Entscheidung sollte akzeptiert werden, auch wenn dann in diesem Moment keine eigentliche Klärung stattgefunden hat und nicht über Lösungen gesprochen wurde. Das kann man aber auch später machen ... wenn es denn nötig erscheint.

Falls die KuJ den Kontakt zu den deeskalierenden PädagogInnen nicht abbrechen, folgt auf die emotionale Beruhigung die Phase der Stabilisierung / Lösung.

2.4.1 Kontrolliert ausagieren (lassen)

Ein kontrolliertes Ausagieren bietet einem KuJ die Chance, eine innerliche Spannung durch körperliche Aktivitäten zu regulieren. Die körperliche Aktivität hilft dabei, das Stressniveau zu senken, ohne dabei den Anspruch zu haben, irgendwie zu einer Problemlösung beizutragen. Das Ausagieren ist lediglich eine Methode, um die KuJ ein Stressniveau erreichen zu lassen, auf dem sie wieder fähig sind, über Lösungen nachzudenken. Es empfiehlt sich darauf zu achten, dass die angebotenen bzw. gewählten Aktivitäten keinerlei aggressiven Charakter haben. Sie sollten sich also nicht gegen andere Personen selbst oder ihr Eigentum richten. Natürlich muss das Angebot zu den KuJ passen und von ihnen angenommen werden. Vorschläge und Ideen dazu kann man z. B. im ruhigen Phasen abfragen. Als effektiv haben sich folgende Optionen erwiesen:

- Rennen
- Ballspielen
- Trommeln
- Am Sandsack arbeiten
- Krafttraining
- In ein Kissen schreien
- Spazierengehen

Das Angebot des Sandsacks ist in der Fachwelt nicht unumstritten. Es wird über das Risiko nachgedacht, dass das Schlagen in Verknüpfung mit den Gedanken an die vorangegangene Aggressionsempfindung emotional eher als Verstärker wirken könnte (vgl. Dutschmann 2001, Nr. 46, 51 f.). Das Problem beim Schlagen ist, dass es dazu verleitet, an aggressiven Gedanken festzuhalten und den Eskalationsfall mit der Lösungsoption „Schlagen" zu verknüpfen. Dies könnte dann die Neigung zum Schlagen als Aggressionsbewältigungsstrategie unterstützen.
Wenn sich ein KuJ z. B. an einem Sandsack ausagieren kann, dann wird es aufgrund von körperlicher Erschöpfung irgendwann ruhiger werden. Wenn mit dem KuJ dann keine emotionale Aufarbeitung des Eskalationsfalls durchgeführt wird, gibt es keine Veränderungsperspektive. Es besteht eher das Risiko, dass er/sie zukünftig schneller zur Strategie „Schlagen" zurückkehrt. Wenn dann kein ruhiger Raum und kein Sandsack zur Stelle sind, dann könnte es schnell problematisch werden.
Das Angebot des kontrollierten Ausagierens richtet sich an KuJ, die sich noch oder wieder in der „gelben" Phase befinden. Es scheint empfehlenswert, dass das Ausagieren durch eine PädagogIn begleitet wird, um sicherzustellen, dass es im Rahmen des Ausagieren nicht zu einer (erneuten) Aggressionshandlung kommt.

Selbstverständlich kann auch KuJ in der „grünen" Phase das Angebot des Ausagierens gemacht werden, wenn diese einen ungewollten Spannungszuwachs erleben, z. B., indem die KuJ einmal eine Runde über den Hof laufen, wenn es in der Gruppe unruhig wird.
Hochangespannte KuJ hingegen (rote Phase) sind für solche Angebote des kontrollierten Ausagierens in der Regel nicht erreichbar. In dieser Phase kommt es oft zu unkontrolliertem Abreagieren. In diesem Fall werden häufig massive Sachbeschädigungen begangen oder andere Personen attackiert. Tritt dadurch eine nicht zumutbare Gefährdung ein, so kann es erforderlich sein, im Rahmen von Notwehr bzw. Nothilfe zu intervenieren.

2.4.2 Humor

„In einem frühen Stadium kann eine angespannte Situation/Person durch Humor beruhigt werden" (Dutschmann 2003, Nr. 44, 63). Entscheidend ist, dass der Humor nicht als Spott und Sarkasmus wahrgenommen wird. Grundsätzlich beinhaltet diese Technik ein gewisses Risiko, da man von außen nicht beurteilen kann, ob der angewandte Humor „richtig" verstanden wird. Je angespannter die Person und die gegenseitige Beziehung ist, desto realer wird das Eskalationsrisiko durch den Einsatz von Humor. Aus diesem Grund sollte man mit seinem Einsatz in der Deeskalation sehr vorsichtig sein. Hat man es mit Individuen zu tun, die sich in der roten Anspannungsphase befinden, ist vom Humoreinsatz völlig abzuraten, da das Eskalationspotenzial und -risiko nicht mehr seriös eingeschätzt werden kann.

2.4.3 Der Einfluss der Körpersprache

„Die Körpersprache wirkt genau auf den Sinneskanal, der pro Sekunde die meisten Daten an unser Gehirn weiterleitet. Wir schätzen unsere Umwelt entscheidender über den visuellen Kanal ein, als über alle anderen Sinne" (Verra, 2015, 61; Verra 2015, 87). Diese maßgebliche Bedeutung der Körpersprache wird in der alltäglichen Kommunikation, auch unter PädagogInnen, meist unterschätzt (vgl. Dutschmann 2003, 45). Besonders in der „Krisenkommunikation" mit oder zwischen (hoch-)angespannten Menschen ist der bewusste und gezielte Einsatz von körpersprachlicher Kommunikation enorm wichtig. Das bedeutet nicht, dass Worte in unserer Kommunikation grundsätzlich weniger wichtig sind als die Körpersprache! Körpersprache wirkt jedoch meistens vor den Worten, da man die Menschen in der Regel körperlich wahrnimmt, bevor diese sprechen. Die Körper-

sprache hat nun einen direkten und entscheidenden Einfluss darauf, wie die gesprochenen Worte wahrgenommen, eingeordnet und interpretiert werden (Verra 2015, 76 f.).
Menschen, die sich in großer Anspannung befinden, neigen dazu, Umweltreize entsprechend ihrer momentanen Empfindungslage zu filtern. Ein KuJ, das/der sich in einer subjektiven Bedrohungs- oder Verteidigungssituation (physisch oder sozial) befindet, neigt dazu, das Verhalten anderer Personen eher als feindselig und bedrohlich wahrzunehmen, als es entspannte Menschen machen würden. So besteht das Risiko, dass körpersprachliche Machtsignale (z. B. sehr nah kommen, den Fluchtweg zustellen, aggressiver Blick, hohe körperliche Anspannung, ...) bei den schon angespannten KuJ zu noch mehr Anspannung führt (vgl. Rhode & Meis 2006, 103). Des Weiteren kann es durchaus passieren, das KuJ mit entsprechender selektiver Wahrnehmung (z. B. „alle sind gegen mich") neutrale körperliche Haltungen und Signale als angreifend und bedrohlich werten (vgl. Dutschmann 2003, Nr. 44, 55). Dies werden sie in der Regel nicht direkt verbalisieren, sondern indirekt durch ihr reaktives Verhalten zeigen.
Wenn die verbale Botschaft und die non-verbale Botschaft nicht zueinander passen, dann neigen Menschen dazu, eher den nonverbalen Botschaften zu folgen. Dies gilt insbesondere für emotional angespannte Interaktionen. Umso wichtiger ist es in solchen Fällen, dass sich PädagogInnen ihrer Körpersprache sehr bewusst sind.
Die Körpersprache hat auch akuten Einfluss auf unsere Selbstwahrnehmung und sogar auf unseren Hormonhaushalt, welcher wiederum einen Einfluss auf die Emotionalität eines Menschen hat. Die äußere Haltung beeinflusst also die innere Haltung und umgekehrt. Dieser Einfluss ist wahrscheinlich viel größer, als sich das die meisten Menschen vorstellen können.

> Angst aktiviert die Beugermuskulatur, also jene Muskeln, die uns dabei helfen, uns zusammenzuziehen! Dies passiert in der Regel unbewusst! Durch diese unbewusste motorische Reaktion kann ein innerer Zustand nach außen hin sichtbar werden!

Es ist hier aber nicht sinnvoll, eine Liste „günstiger" körpersprachlicher Signale aufzulisten, mit deren Einsatz Sie effektiver und günstiger kommunizieren könnten! Ob eine bestimmte Verhaltensweise oder körperliche Ausdrucksform eine günstige Wirkung hat oder nicht hängt von zu vielen weiteren Faktoren ab!

Die mögliche Bedeutung von Körpersprache kann immer nur unter Berücksichtigung des Gesamtkontextes erfolgen.

Aber ein grundsätzlicher Tipp erscheint doch relevant: „Für die Kommunikation am entscheidendsten sind Augen, Mund und Hände. Um eine Person richtig einzuschätzen und damit Vertrauen zu ihr aufzubauen, ist der freie Blick auf diese Körperteile wichtig. Achten Sie deswegen zuallererst bei sich selbst auf Sichtbarkeit von Augen, Mund und Händen!" (Verra 2016, 92)
Bartträger müssen in diesem Kontext bedenken, dass man ihre mimischen Aktivitäten nur eingeschränkt wahrnehmen kann! Diese Einschränkungen gelten natürlich auch dort, wo (medizinische) Masken große Teile des Gesichtes bedecken.

2.4.4 Verständnis für die Leit-/Primäremotion zeigen

Die Grundeinstellung für diesen Schritt kann wie folgt beschrieben werden: „Den Menschen verstehen, aber mit seinem abweichenden Verhalten nicht einverstanden sein" (Weidner, Kilb & Kreft 2004, 5). Aus der Sicht der Handelnden gibt es mindestens einen „guten Grund" dafür, so zu handeln wie er/sie es gerade tut. Mit diesem „Grund" ist die subjektive Absicht, ein Problem bewältigen zu wollen gemeint. So betrachtet kann man im akuten Handeln hochangespannter KuJ leichter die situativ bestmögliche Option, um auf eine wahrgenommene Herausforderung oder gar Bedrohung zu reagieren, erkennen (vgl. Haupt-Scherer 2018, 30). Es kann davon ausgegangen werden, dass KuJ, die sich in Phase „gelb" oder schon in Phase „rot" befinden, sich mindestens einem aversiven Reiz ausgesetzt fühlen. Sie haben also ein (großes) Problem. Um dieses Problem zu lösen, handeln sie ggf. auch „aggressiv", wenn ihnen akut keine wirksamen Alternativen zur Verfügung stehen.
Wenn man diese KuJ beruhigen und emotional absichern will, dann muss man ihnen das Gefühl vermitteln, dass man sie in ihrer emotionalen Lage annimmt und dass man bereit ist, sie verstehen zu wollen. Um das tun zu können, muss man aber vorher erst einmal herausfinden, was die KuJ wirklich bewegt. Sie müssen also zur Primäremotion der hochangespannten KuJ durchdringen. Dies wurde durch den Schritt „Genauern" umgesetzt. Wenn Sie sich nun sicher sind, dass Sie die Primäremotion oder eben Leitemotion kennen, dann können Sie dem KuJ Ihr ehrliches Verständnis entgegenbringen. Dabei müssen Sie in der Lage sein, die Situation ausschließlich aus der Sicht der KuJ zu sehen.

Das Zeigen von Verständnis für die emotionale Lage der KuJ hat nichts damit zu tun, eine Entschuldigung oder Rechtfertigung für ein problematisches Verhalten zuzulassen. Da Sie sich in der Phase der Deeskalation jedoch nicht um Grenzziehung kümmern, können sie den Umgang mit den Grenzverletzungen auf später verschieben. Eine Konfrontation eines hochangespannten KuJ hat wenig bis keine deeskalierende Wirkung. Eher wird eine Konfrontation den konstruktiven emotionalen Kontakt zwischen der Autorität und dem KuJ unterbrechen oder sie unterstützt sogar eine weitere Eskalation. Die Konfrontation mit der Grenzverletzung sollte auf den Zeitpunkt verschoben werden, an dem die KuJ wieder beruhigt und emotional gesichert sind. Dann sind sie auch in der Lage, nachzudenken und altersentsprechend Verantwortung zu übernehmen.

2.5 Stabilisieren / Lösung finden

Nachdem Sie es geschafft haben, die KuJ aus ihrer emotionalen Hochanspannung herauszubegleiten, können Sie sich gemeinsam um die Frage kümmern, wie die „Problematik" des KuJ gelöst werden kann. Dabei sollte es zunächst darum gehen, wie eine akute Wiederholung der Eskalation vermieden werden kann. Danach kann man sich der Lösung eines evtl. tieferliegenden Problems widmen.
Setzen Sie dabei gezielt lösungsorientierte Fragen ein. Ziel ist es zum einen, die KuJ durch das Gespräch emotional zu entlasten und zum anderen herauszufinden, was passieren müsste, damit eine bestimmte Situation nicht mehr auftritt oder damit eine bestimmte Situation nicht mehr als Problem empfunden wird. Durch diese Form der Fragen wird der Fokus auf die Veränderung gerichtet. Diese Perspektive ist für die angespannten KuJ oft nur mit Hilfe greifbar.
Ein lösungsorientiertes Gespräch kann in einer Deeskalationssituation i. d. R. jedoch nur gelingen, wenn Sie vorher die Primäremotion ergründen konnten. Nur wenn die KuJ erkennen, dass Sie wirklich um ihr Problem wissen und dieses auch ernstnehmen, dann können sie Ihr Streben nach Lösungsideen akzeptieren und mitgehen.

Erfahrungsgemäß neigen PädagogInnen dazu, viel zu schnell nach Lösungen zu fragen und zu suchen. Zuvor sollten sie sich und den KuJ aber Zeit zum Verstehen geben. Halten Sie also Lösungsfragen und Lösungsideen zurück. Es wäre zu schade, wenn diese nicht angenommen werden können, nur weil die KuJ emotional noch nicht dafür bereit sind.

Zu der Kategorie der lösungsorientierten Fragen gehören u. a. (vgl. von Schlippe & Schweizer 2007, 157 ff.):

- Fragen nach Ausnahmen
  „Gibt es Momente in denen das Problem nicht auftritt ...? Was ist da anders?"
  In der Analyse der Ausnahmen kann man evtl. herausfinden, wie das Problem vermieden werden kann. Wenn man Faktoren der Ausnahmesituationen bewusst herbeiführt, könnte man dadurch evtl. eine Lösung finden.

- Fragen nach Ressourcen
  „Was ist zur Zeit gut?"
  „Wo hast du Einfluss auf die Situation?"
  „Was machst du gerne?"

- Die Wunderfrage
  „Wie wäre es, wenn das Problem von heute auf morgen weg wäre?"
  Anhand der Erzählungen der KuJ kann man evtl. wertvolle Informationen darüber bekommen, was für sie Teil einer Lösung sein könnte, bzw. wie sie sich die optimale Lösung vorstellen. Diese Frage kann vor allem dann helfen, wenn die KuJ keine Ausnahmen beschreiben können. In diesem Fall muss man sich vorstellen, dass ein Wunder passiert.

- Fragen nach eigenen Veränderungspotenzialen
  „Was kannst du tun, damit es dir besser geht ...?"
  Unter anderem soll diese Frageform dazu anregen, den eigenen Einfluss auf die Veränderung der Situation zu lenken und den KuJ ihren Glauben an die eigene Selbstwirksamkeit ein Stück weit zurückzugeben.

- Fragen nach Veränderungspotenzial bei anderen Menschen
  „Was müssten / könnten andere Personen tun, damit es dir besser geht ...?"
  Die KuJ haben nicht alles in ihrer eigenen Hand. Diese Frage kann den KuJ verdeutlichen, dass wir nicht sie alleine in der Verantwortung sehen. Durch die Hinweise der KuJ können die PädagogInnen wertvolle Hinweise dazu bekommen, an welcher Stelle sie auf das Verhalten anderer Personen einwirken können.

Je reifer und selbstständiger die KuJ sind, desto mehr sollte in dieser Stufe darauf geachtet werden, dass Lösungsideen durch sie selber formuliert werden. Die Pä-

dagogInnen unterstützen die KuJ durch ihre Fragen und Beiträge dabei, einen eigenen Lösungsansatz zu finden und diesen auf seine potenziellen Auswirkungen hin zu überprüfen (vgl. Dutschmann 2001, Nr. 46, 53).
Wenn die KuJ selber keine Ideen entwickeln, dann können natürlich auch Vorschläge gemacht werden. Machen Sie verschiedene und vielseitige Vorschläge und sprechen Sie mit den KuJ die jeweiligen Ansätze durch.
Wichtig ist in jedem Fall, dass keine Versprechungen gemacht werden, die Sie nicht verlässlich einhalten können!
Wenn es ein übergeordnetes Problem gibt, für das es keine akute Lösung gibt, dann ist es wichtig, dies zu benennen und gleichzeitig nach Optionen zu suchen, wie die Situation unter den „unerfreulichen" Umständen am erträglichsten gestaltet werden kann. In diesem Fall wird nicht nach der Gesamtlösung sondern nach einer Teillösung gesucht. Dabei darf man optimistisch sein, dass sich durch die Veränderung eines Teilaspektes auch der Charakter des Gesamtproblems verändern wird (vgl. von Schlippe & Schweizer 2007, 90 ff.).
Wenn man zu früh im Deeskalationsprozess damit beginnt, nach Lösungen zu fragen, kann dies ungünstig wirken. Zum einen kommt es vor, dass die KuJ gar keine Ideen für Lösungen entwickeln. Dadurch könnte der Eindruck entstehen, dass es keine Lösung gibt. In diesem Fall müssten die PädagogInnen Lösungsvorschläge entwickeln. Diese haben dann in der Regel aber weniger Bedeutung und Wirkung bei den KuJ, da es nicht ihre eigenen Lösungen sind. Noch ungünstiger wäre jedoch der Fall, dass die KuJ das Gefühl haben, dass die Erwachsenen einfach nur schnell ihre Ruhe haben wollen und gar nicht am Kennenlernen und Verstehen des subjektiven Problems der KuJ interessiert ist.
Falls die KuJ in der Phase der emotionalen Hochanspannung Schaden angerichtet und / oder massiv gegen wichtige Regeln verstoßen haben, kann es erforderlich werden, mit ihnen über Verantwortungsübernahme und Konsequenzen zu sprechen. An dieser Stelle erscheint es empfehlenswert, dies in einem zeitlich verzögerten Nachkrisengespräch zu tun. Wie umfangreich die zeitliche Pause bis zum Nachkrisengespräch ist, kann sehr unterschiedlich sein. In jedem Fall sollten alle Beteiligten am Nachkrisengespräch emotional gut gesichert sein, damit dieses bestmöglich verlaufen kann.
Im Nachkrisengespräch kann, falls nötig, auch Mediation zwischen mehreren Konfliktparteien betrieben werden.

2.6 Ergänzende Anmerkungen

- Hochangespannte KuJ sind in hochemotionalen Situationen weniger gut in der Lage, verbale Sprache zu verstehen, als wenn sie entspannt wären. So kann eine überfordernde Sprache im Moment der Hochanspannung zum weiteren Eskalationsgrund werden. Aus diesem Grund ist es empfehlenswert in der Kommunikation mit (hoch-)angespannten KuJ folgende Aspekte einfacher Sprache zu berücksichtigen:
  - Sprechen Sie in altersgemäßer und dem Intellekt der KuJ entsprechender Sprache
  - Vermeiden Sie komplizierte Redewendungen und Fremdwörter
  - Sprechen Sie langsam und deutlich und machen Sie Pausen
  - Verzichten Sie auf Sarkasmus und Ironie
  - Sprechen Sie nicht parallel zu den KuJ

- Hochangespannte Menschen können sich nicht von „jetzt auf gleich" beruhigen. Die Stresshormone, die sich unter anderem auch ungünstig auf die stressauslösende Wahrnehmung auswirken, wirken über einen Zeitraum von mehreren Minuten. Es braucht also auch Zeit, damit sich aufgebrachte Menschen physiologisch beruhigen können. Mit dem oben beschriebenen Ansatz verschaffen Sie sich und den angespannten KuJ die nötige Zeit (und gleichzeitig auch die nötige psycho-soziale Präsenz) die notwendig ist, um sich wirklich zu beruhigen.

- Für diverse Problematiken von KuJ gibt es z. T. keine akuten und greifbaren Lösungen! In solchen Fällen muss man damit leben und arbeiten, dass sich dadurch bedingte (Hoch-)Anspannungszustände wiederholen können. Ziel von akuter Deeskalation ist es dann, die auftretenden Eskalationen in ihrer Intensität und Schädlichkeit abzumildern. Ein zentrales Anliegen ist es dabei, den Beziehungsschaden zwischen PädagogInnen und KuJ möglichst klein zu halten, damit sich keine soziale und emotionale Distanzierung einstellt, die eine lösungsorientierte Pädagogik erschwert oder verhindert.

2.7 Umgang mit traumatisierten KuJ

Bei KuJ, die an einer posttraumatischen Belastungsstörung (PTBS) leiden, kann es vorkommen, dass diese sich ohne Vorankündigung sehr „aggressiv" verhalten.

Wenn dies tatsächlich in Folge einer PTBS geschieht, dann haben die KuJ oftmals selber wenig Einfluss auf ihr Verhalten (vgl. Krüger 2013, 32). Des Weiteren ist es nicht unüblich, dass sich diese KuJ später, nachdem sie sich beruhigt haben, gar nicht an die Eskalationssituation erinnern können (vgl. Haupt-Scherer 2018, 37). Sie können die Interaktion nicht mehr nachvollziehen. Sie können die Situation nicht reflektieren und somit auch nicht aus der Reflexion lernen (vgl. Krüger 2013, 63 ff.). KuJ, die im Rahmen einer PTBS „eskalieren" befinden sich i. d. R. in der Phase „rot".
Wenn KuJ im Rahmen einer Retraumatisierung massiv aggressiv handeln (Phase „rot"), dann ist es unter Umständen notwendig auf das „Genauern" zu verzichten. Dieser sonst so wertvolle Teil kann dazu führen, dass die KuJ gedanklich in der traumatischen Situation verbleiben. Vielmehr wäre es hilfreich, nach einer erfolgreichen Kontaktaufnahme den KuJ bei ihrer Re-Orientierung zu helfen und sie durch achtsame Führung zu stabilisieren.

Zur Re-Orientierung können folgende Techniken genutzt werden:
- Den KuJ sagen wo sie sind
- Den KuJ sagen wer Sie sind
- Die KuJ beschreiben Dinge, die sie sehen
- Die KuJ beschreiben Dinge, die sie hören
- Die KuJ werden angeleitet, ihren Körper wieder zu spüren

Nach erfolgter Re-Orientierung können die KuJ durch den Einsatz von Entscheidungsfragen entlastend geführt werden. Hierbei geht es vor allem darum herauszufinden, was die KuJ gerade brauchen, um sich zu stabilisieren.

Beispiele für Fragen könnten sein:
- „Möchtest du kurz hinausgehen?"
- „Möchtest du etwas trinken?"
- „Möchtest du …?"
- „Was kann ich für dich tun?"

Gibt es für die KuJ einen individuellen „Notfallkoffer" mit persönlichen Utensilien für die Stabilisierung im Nachgang zu einer emotionalen Krise, dann kann dieser hier zum Einsatz kommen!

In diesem Fall würde der Deeskalationsplan wie folgt aussehen:

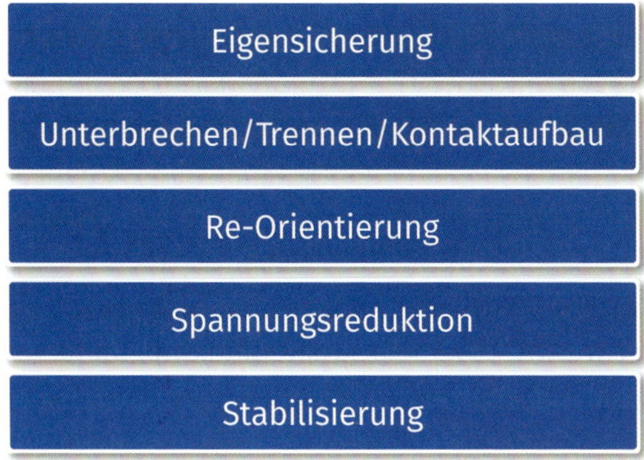

Abbildung 26

Wenn die betroffenen Kinder und Jugendlichen dann die Selbstkontrolle zurückerlangt haben und wieder in der Phase „gelb“ oder besser noch „grün“ sind, dann kann man mit ihnen über die Auslösersituation sprechen. Ein Gespräch darüber ist in der Regel möglich, denn zu dem Zeitpunkt, als der aggressionsauslösende Reiz wirkte, waren sie noch in der Selbststeuerung (vgl. Haupt-Scherer 2018, 37).

3. Die Physiologie von Stress

Stress ist ein vielseitiges Phänomen. In diesem Kontext ist Stress gemeint, der durch das Erleben einer subjektiv herausfordernden, gefährlichen oder bedrohlichen Situation entsteht. Solche bedrohlichen Situationen können sowohl physischer, sozialer als auch psychischer Natur sein. Dabei muss uns bewusst sein, dass die meisten Umweltreize (über 99%) gar nicht bewusst wahrgenommen werden (Verra 2016, 52 f.). Dennoch beeinflussen sie uns. All diese wahrgenommenen Umweltreize werden zuerst im limbischen System u. a auf ihren emotionalen Bedeutungswert bzw. ihr Bedrohungspotenzial hin überprüft (Verra 2016, 46; Van der Kolk 2018, 76 f.). Die Amygdala (auch Mandelkern genannt) ist Teil des Limbischen Systems und wird als der „Rauchmelder" des Gehirns bezeichnet (Van der Kolk 2018, 78 f.). Sie ist zuständig dafür, die eintreffenden Informationen auf ihren emotionalen Bedeutungsgehalt hin zu überprüfen. Das Limbische System ist sozusagen der „Sitz der Emotionen" in unserem Gehirn. Zusammen mit dem Hirnstamm bildet das Limbische System das „emotionale Gedächnis". Hier werden Gefahren registriert und beurteilt und entschieden, was im Interesse des Überlebens wichtig oder unwichtig ist (Van der Kolk 2018, 70 f.). Registrierung, Beurteilung und Entscheidung verlaufen unbewusst und sind nicht willentlich bzw. rational steuerbar.

Wenn sich ein Mensch bedroht fühlt, reagiert der Körper instinktiv in Form hormoneller Veränderungen. „Die Mandelkerne aktivieren mit dem von ihnen freigesetzten Glutamat zum einen das Stresszentrum im Hypothalamus, wo sie das Stressgen Corticotropin Releasing Hormon (CRH) anschalten" (Bauer 2008, 39). Außerdem aktiviert Glutamat Stresszentren im Hirnstamm (ebd.). Dadurch werden vermehrt körpereigene Opiate (u. a. Adrenalin, Noradrenalin) freigesetzt. Als Folge steigen Herzfrequenz und Blutdruck, die Durchblutung von Muskulatur und Gehirn, die Zuckerversorgung der Muskeln sowie die Sauerstoffaufnahme werden gesteigert und das Individuum wird in eine erhöhte Aktionsbereitschaft versetzt (vgl. Haupt-Scherer 2019,14; Van der Kolk 2018, 77). Gleichzeitig verringert sich einerseits die Schmerzwahrnehmung und andererseits wird die körperliche Leistungsfähigkeit des Individuums deutlich gesteigert (vgl. www.gesundheit.de und www.spektrum.de [B]).

Durch Ausschüttung dieser Hormone wird der Mensch also in die Lage versetzt, effektiver auf eine Gefahrensituation zu reagieren (Kampf oder Flucht). Dies macht alles Sinn, wenn man wirklich in Lebensgefahr ist. Da es in Bedrohungssituationen sehr schnell gehen muss, laufen die oben beschriebenen Prozesse unbewusst, also ohne gezielte kognitive Steuerung ab (Van der Kolk 2018, 77). Dies hat allerdings auch Nachteile: So sind Menschen, die sich im „Notfallprogramm" befinden nur bedingt oder gar nicht mehr in der Lage, Situationen sachlich und analytisch zu betrachten und zu beurteilen (ebd.).

Das beschriebene „Notfallsystem" ist entwicklungsbiologisch schon sehr alt. Für den Neandertaler ging es bspw. in Bedrohungssituationen in der Regel wirklich um das reine Überleben. Die menschlichen Lebensbedingungen und Gesellschaften haben sich aber seither sehr radikal und schnell verändert. Daran hat sich die Physiologie des menschlichen Körpers nicht angepasst. So existiert das „alte Notfallprogramm" heute noch immer und es springt dann an, wenn wir uns bedroht und in Gefahr fühlen, auch wenn diese Gefahr gar nicht physisch und somit unmittelbar körperlich gefährlich ist (vgl. Krüger 2013, 56 ff.; Dana 2019, 32). Laut Nolting (2007, 57) können Adrenalin und Noradrenalin in hoher Konzentration zu einer Steigerung von aggressivem Verhalten führen. Nicht selten werden die individuellen Reaktionen gestresster Menschen von der direkten sozialen Umgebung des Individuums als nicht angemessen bewertet, vor allem wenn diese das subjektive Gefühl der Bedrohung des Individuums nicht nachvollziehen können. Dies kann dann zu folgender Entwicklung führen:

Person A

- *fühlt sich durch einen Reiz subjektiv „bedroht" und reagiert mit einem Kompensationsverhalten (z. B. Rückzug oder Verteidigung)*

Person B

- *nimmt den Auslöserreiz von Person A nicht als solchen wahr*
- *nimmt das Verhalten von Person A als „unangemessen" oder gar bedrohlich wahr*
- *reagiert auf diese „Bedrohung" (z. B. mit einer Zurechtweisung von Person A)*

Person A

- *fühlt sich von Person B ggf. zu unrecht „schlecht" behandelt oder gar aktiv bedroht und verstärkt das Abwehrverhalten*

Person B

- *... usw. (vgl. Abb. 6 auf S. 33)*

In extremen Bedrohungsmomenten suchen wir Menschen alle nach sichernder sozialer Bindung, die uns wieder ein Gefühl von Geborgenheit und Schutz vermittelt. Mit Hilfe dieser sichernden Bindungspersonen können wir unseren Erregungszustand leichter reduzieren (vgl. Haupt-Scherer 2019, 32). Diesen Prozess bezeichnet man als Co-Regulation (ebd.). Fehlt in solchen Bedrohungsmomenten diese sichernde Bindung, haben wir Menschen in letzter Konsequenz nur noch diese drei Handlungsoptionen (Van der Kolk 2018, 43):

- Kampf (Fight)
- Flucht (Flight)
- Erstarren (Freeze)

Eine weitere negative Auswirkung von traumatischem Stress kann sein, dass sich in der emotionalen Ausnahmesituation das Broca-Areal (eines der Sprachzentren des Gehirns) abschaltet (vgl. Van der Kolk 2018, 57). Was dies für die Mitteilungsfähigkeit und damit auch für die Selbstoffenbarungsfähigkeit der Betroffenen bedeuten kann, können Sie sich sicher gut vorstellen. Wenn Menschen in Not sich nicht mehr verbal mitteilen können ..., was bleibt ihnen noch, außer körperlicher Kommunikation (z. B. in Form von aggressivem Verhalten)?
Wenn ein Mensch sich dauerhaft unsicher und durch seine Umwelt bedroht fühlt, dann lebt er/sie in einem dauerhaften Erregungszustand. Dieser wird mittel- und langfristig zu einer körperlichen, seelischen und sozialen Belastung führen (vgl. Van der Kolk 2018, 43). Ein dauerhaft erhöhter Stresslevel, der nicht durch ausreichende Ruhephasen unterbrochen wird, kann u. a. zu Beeinträchtigungen im Verdauungssystem, des Zellwachstums, des Immunsystems, der Sprachverarbeitung, der Konzentrationsfähigkeit sowie zu Schlafstörungen führen (Haupt-Scherer 2019, 14; Van der Kolk 2018, 10 f., 61, 101, 192; Bauer 2008, 39). Außerdem kann es durchaus dazu kommen, dass ein Individuum durch Menschen in seinem/ihrem Umfeld gemieden wird da er/sie „zu schnell eskaliert und sich dauernd angegriffen fühlt“. Dadurch entstehen möglicherweise noch mehr Isolation und damit auch mehr Belastung.

3.1 Traumatischer Stress

Grundsätzlich ist Stress für den Körper kein Problem. Wenn aber durch das Auftreten massiver Bedrohungen (in denen das betroffene Individuum weder Hilfe bekommt, noch flüchten oder kämpfen kann) die Stressbelastung bei einem Menschen so sehr steigt, dass diese nicht mehr verarbeitet werden kann, spricht man von traumatischem Stress. Der Stress übersteigt dabei die Verarbeitungskapazität des psychischen Apparates. Die dabei ablaufenden biologischen Vorgänge führen, vor allem wenn sie über einen längeren Zeitraum anhalten, im Gehirn zu

nachweisbaren Veränderungen (vgl. Krüger 2013, 28; vgl. Haupt-Scherer 2018, 65). Diese Veränderungen und die daraus resultierenden Konsequenzen nennt man dann posttraumatische Belastungsstörung (PTBS). „Chronischer traumatischer Stress [...] führt durch Überflutung mit Stresshormonen zu einer Entwicklungs- und Lernstörung im Gehirn“ (Haupt-Scherer 2018, 65).
In der Arbeit mit belasteten und belastenden KuJ muss allen PädagogInnen klar sein, dass sie mit KuJ arbeiten werden, die dauerhaft und immer wiederkehrend traumatischen Stress erleben, auch wenn für Außenstehende keine nennenswerte Stressquelle zu erkennen ist. Dies kann wiederum bei den PädagogInnen selbst zu dauerhaft belastendem Stress führen! PädagogInnen, die mit traumatisierten KuJ arbeiten brauchen unbedingt das Angebot, sich regelmäßig fachkundig beraten und begleiten zu lassen, damit sie ihre Arbeit professionell und gesund leisten können. Es muss verhindert werden, dass sich der traumatische Stress der KuJ auf die PädagogInnen überträgt. Ein solche Übertragung kann zu einer Sekundärtraumatisierung (indirekte Traumatisierung) bei den PädagogInnen führen (vgl. Gies o. J., 2 f.).

4. Selbstregulation

Wenn PädagogInnen im Umgang mit (angespannten) KuJ selber stark gestresst sind, steigt die Gefahr, dass sie durch ihr Auftreten und Verhalten für die KuJ selber zum aggressionsauslösenden Reiz werden (vgl. Dutschmann 2001, Nr. 46, 79). Dies liegt unter anderem daran, dass sie ihre Umwelt und damit auch das Verhalten der KuJ schneller als belastend und bedrohlich wahrnehmen. Diese Veränderung der Wahrnehmung führt, wie bei den KuJ, zu einem höheren Anspannungsniveau und zu Veränderungen des körperlichen und emotionalen Anspannungszustandes und folglich auch zu einer Veränderung des Verhaltens. So kann ein Kreislauf von sich gegenseitig bedrohendem und herausforderndem Verhalten zwischen KuJ und PädagogInnen entstehen (vgl. Abb. 6).
Menschen scannen ständig und meist unbewusst ihre Umgebung, um einschätzen zu können, ob sie sicher oder in Gefahr sind. Dabei prüfen sie auch, auf welchem „Alarmlevel" die Menschen um sie herum sind. Sind diese in einem höheren Alarmlevel, so schalten die Beobachtenden selber auch in eine höhere Stufe (denn vielleicht besteht Gefahr, aber man selber hat diese noch nicht erkannt). Dieser Effekt funktioniert laut Stephen Porges (vgl. Haupt-Scherer 2019, 32 f.) automatisch und es gibt nur eine einzige Konstellation, in der sich Menschen (und andere Säugetiere) im Erregungsniveau „nach unten hin anpassen": Dies geht dann, wenn eine relevante Orientierungsperson in derselben Situation in einem niedrigeren Alarmlevel ist und dort auch verharrt. Diese „relevanten Orientierungspersonen" müssen einen hervorgehobenen sozialen Status haben. Einfach gesagt bedeutet das, dass diese „relevanten Orientierungspersonen" klüger, stärker, weiser, als man selber sein müssen (vgl. ebd.).

Verhindern Sie den Verlust eigener Professionalität durch unbewussten und unkontrollierten Einfluss von Emotionen!

Umso wichtiger ist es, dass sich pädagogische Profis darauf vorbereiten, eigenen individuellen Stress gar nicht aufkommen zu lassen, bzw. diesen zu erkennen und kontrolliert und souverän mit diesem umzugehen. Sie sind für KuJ in der Regel relevante Orientierungspersonen bzw. sogenannte Bindungspersonen (vgl. Haupt-Scherer 2019, 33 f.). Entsprechend groß ist Ihr bewusster und unbewusster Einfluss auf die Wahrnehmung und das Verhalten der KuJ. Umso bedeutsamer ist es auch, dass PädagogInnen in der Lage sind, in herausfordernden oder gar bedrohlichen Situationen die emotionale und physische Selbstkontrolle zu behalten oder ggf. schnell wiederherzustellen.

Je mehr und je professioneller man als PädagogIn auf den Umgang mit einer bedrohlichen Situation vorbereitet ist, desto geringer wird im Erlebnisfall die subjektiv empfundene Gefahr und somit auch der individuelle Stresslevel sein. Im Umkehrschluss steigt die Wahrscheinlichkeit, dass kontrolliertes, angepasstes und gezieltes Verhalten möglich bleibt bzw. wird. Allerdings muss ehrlicherweise auch gesagt werden, dass Selbstkontrolle Grenzen hat. Je größer die subjektive Herausforderung oder Bedrohung empfunden wird, desto größer wird die Gefahr eines Kontrollverlustes. Entsprechend gehört es zu der Aufgabe von einzelnen PädagogInnen und ganzen Teams, sich zu überlegen, wie mit Momenten des Kontrollverlustes bei PädagogInnen umgegangen werden soll.

Man kann durch gezielte physische und mentale Vorbereitung Einfluss auf die Intensität des Stresserlebens in herausfordernden Situationen nehmen. Dazu gehört unter anderem das mentale Trainieren von Verhaltensstrategien und -techniken und Selbstregulationstechniken.

Ein weiterer Faktor, durch den man Einfluss auf die individuelle Stressentwicklung in bedrohlichen Situationen hat, liegt in der Art der Bewertung einer Situation. Wenn man diese als nicht bedrohlich oder wenig bedrohlich bewertet, dann hat der Körper auch weniger Anlass, viele Stresshormone auszuschütten. Hier sollte man allerdings berücksichtigen, dass die emotionale Wertung vor der kognitiven Wertung erfolgt (vgl. Van der Kolk 2018, 76 f.). Daraus folgt, dass eine kognitive Korrektur der emotionalen Wertung einer Situation nur dann unmittelbar bewusst vorgenommen werden kann, wenn das Bedrohungspotenzial der Situation als moderat eingeschätzt wird. Unter massiver Bedrohungsempfindung kann eine rationale Wahrnehmungskorrektur nicht durchgeführt werden (vgl. Van der Kolk 2018, 78 f.).

Ebenso wichtig und effektiv ist es, innezuhalten und somit eine kurze Pause zu machen, wenn man registriert, dass sich das eigene Anspannungspotenzial vergrößert. Unmittelbare Reaktionen auf z. B. stressauslösende Reize sind in der Regel nur dann sinnvoll, wenn ein körperlicher Schaden unmittelbar bevorsteht (Angriff oder Unfall). In fast allen anderen Fällen ist es ratsamer, mit einer Reaktion so lange zu warten, bis das hormonelle Stressniveau im Blut reduziert wurde (Deeskalationstechnik „Verzögerung“). Ob die Verzögerung in einer akuten Situation tatsächlich umsetzbar ist, ist abhängig von vielen individuellen und situativen Faktoren, wie z. B. dem Grad der emotionalen Erregung oder der aktuellen Befähigung zum logischen Denken.

Noradrenalin- und Adrenalinmoleküle werden „schnell" wieder abgebaut. Sie haben eine Wirkzeit von ca. 3 Minuten (Swisshealthmed 2017). Wenn die Produktion von Stresshormonen reduziert oder eingestellt wird, sinkt das Stressniveau von selber ab. Natürlich trifft das nur dann zu, wenn gleichzeitig nicht weiterhin Adrenalin ausgeschüttet wird. Dieser automatische Prozess kann aktiv unterstützt werden. Dabei geht es vor allem darum, die Produktion der Stresshormone durch den Einsatz von Selbstberuhigungstechniken zu hemmen. Laut Bessel van der Kalk ist in diesem Kontext zu beobachten, dass es bei traumatisierten Menschen länger dauert, bis der Hormonspiegel spürbar sinkt und der Körper in den Normalzustand zurückkehren kann (2018, 61).

Die Rückkehr zum bzw. der Verbleib im hormonellen Normalzustand kann durch folgende Maßnahmen unterstützt werden:

- Verzögerung (verschaffen Sie sich Zeit!)
- Abstand zur Stress- / Gefahrenquelle vergrößern. Dies geht sowohl räumlich, optisch, akustisch und gedanklich
- Herstellen beruhigender Gedanken. Je größer die Aufregung / der Stress ist, desto begrenzter ist die Wirksamkeit dieser Technik (vgl. Verra 2015, 74). Das liegt daran, dass diese Technik durch den Verstand (also das Großhirn) gesteuert wird. Dieser Teil des Gehirns ist in Anspannungsmomenten jedoch weniger aktiv, bzw. nutzbar. Dennoch kann sie, gerade im Anfangsstadium einer Anspannungsempfindung, eine hilfreichen Technik sein
- Einsatz von beruhigenden Atemtechniken. Durch ein bewusstes und betontes Ausatmen wird der Parasympathikus aktiviert. Dieser Teil des zentralen Nervensystems gilt als „Bremse" des Körpers. Die Aktivierung des Parasympathikus führt dazu, dass der Körper weniger Adrenalin produziert. So kann eine Beruhigung des Körpers gefördert werden (vgl. Dana 2019, 41; Haupt-Scherer 2018, 35)
  Ein Beispiel: Atmen Sie ruhig ein. Nehmen Sie sich 4–5 Sek. Zeit dafür. Atmen Sie ruhig und konsequent aus. Nehmen Sie sich auch dafür 4–5 Sek. Zeit. Warten Sie dann zwischen 5 und 10 Sek. bis Sie erneut langsam und kontrolliert einatmen. Vollziehen Sie diesen Kreislauf so oft Sie möchten. Durch die kurzzeitige Sauerstoffunterversorgung im Gehirn schaltet sich der Parasympathikus ein, „weil der Organismus realisiert, dass für Aufregung gerade nicht genug Sauerstoff da ist" (Haupt-Scherer 2018, 35)
- Einsatz der „Ankertechnik"
  Entspannen Sie sich in einer ruhigen, ungestörten Situation. Stellen Sie sich ein Ereignis vor, bei dem Sie glücklich und entspannt waren. Tauchen Sie ganz in diese

Vorstellung ein. Fühlen Sie die Situation. Wenn Sie sich dann wohl und entspannt fühlen, greifen Sie mit der rechten Hand an das linke Handgelenk. (Natürlich sind auch andere Bewegungen möglich.) Üben Sie das so häufig, bis es Ihnen irgendwann gelingt, dieses Gefühl hervorzurufen, indem Sie lediglich die Bewegung ausführen. Sie verknüpfen durch die häufigen Wiederholungen die entspannenden Gedanken und Gefühle mit der Bewegung zum Handgelenk. Wenn Sie nun in einer Situation dabei sind, sich aufzuregen, dann können Sie die Bewegung ausführen. Wenn es dann optimal läuft, tritt die konditionierte Entspannung ein und sie stoppen die ungewollte Erregung (vgl. Dutschmann 2001, Nr. 46, 40)

Probieren Sie es aus und glauben Sie daran, dass es wirkt. Dann wirkt es auch!!

- Bewegung = Aktiver Abbau der Stresshormone (vgl. Verra 2015, 140). Es gibt diverse Übungen, die dazu eingesetzt werden können, die rechte und linke Hirnhälfte wieder in Ausgleich zu bringen, so dass diese wieder effizienter „interagieren" können. Nicht jede Form von Bewegung ist geeignet. Vor allem das Ausagieren durch aggressive Bewegungsformen (z. B. Schlagen) verlangsamt eher den Beruhigungsprozess
- Der „Stille Leitsatz" = In Form eines gedanklichen Mantras wiederholt man einen Satz oder ein Wort, das einen dabei unterstützt, eine erwünschte Stimmung oder Haltung einzunehmen oder zu behalten. Z. B. „Ich bleibe ruhig" = wenn man ruhig bleiben will; „Immer langsam, du hast die Kontrolle" = wenn man sich gehetzt oder getrieben fühlt. Nutzen Sie dabei positive Formulierungen, da es unserem Gehirn schwerer fällt „Nein-Formulierungen" zu verarbeiten
  Also besser „*Ich bleibe ruhig ...!*" als „*Ich rege mich nicht auf!*".
- Sich etwas Gutes tun. Dabei kann es um Kleinigkeiten gehen, die einem selber ein kurzes Wohlgefühl verschaffen. Z. B. etwas Leckeres zu Trinken oder zu Essen zu sich nehmen

Bitte beachten Sie, dass nicht alle oben genannten Techniken zu jeder möglichen Anspannungs- und Eskalationssituation passen!
Ein weiterer und ganz entscheidender Beruhigungsfaktor, der jedoch nicht situativ eingesetzt bzw. hergestellt werden kann, ist Routine und Erfahrung. Je häufiger man (subjektiv) kritische Situationen erlebt und (souverän) übersteht,

desto größer ist die Chance, dass unser Körper diese Situationen nicht mehr als Gefahr einschätzt (vgl. Verra 2015, 74). Dieser Prozess vollzieht sich erfolgreicher und schneller, wenn man sich in diesen Situationen selber als handlungsfähig und wirksam empfindet. Das Empfinden von Wirksamkeit und Professionalität kann auch nachträglich, zum Beispiel durch Supervision oder Fachberatung, hergestellt werden.

D › Sichernde und schützende Intervention

Selbst unter den günstigsten Bedingungen kann es dazu kommen, dass KuJ in höchste Erregung (rote Phase) geraten. In diesem Fall folgen sie kaum noch rationalen Gedanken. Sie handeln impulsiv und intuitiv. Es ist damit zu rechnen, dass KuJ in dieser Phase Kontaktversuche jeglicher Art als bedrohlich und feindselig empfinden. Aus diesem Grund wird schon im Rahmen der emotionalen Deeskalation dazu geraten, einen entsprechenden Sicherheitsabstand zu hochangespannten KuJ zu halten (vgl. Kapitel C, Abschnitt 2.2). In dieser Phase ist eine konstruktive Kontaktaufnahme zu den KuJ kaum möglich. Solange die KuJ nicht zu einer Gefahr für andere und sich selber werden, ist es durchaus ratsam, sie in Ruhe zu lassen. Im Rahmen der Deeskalation sollte man aber darauf achten, dass keine weiteren Personen in die Eskalation mit eingebunden werden. Dies bedeutet im Regelfall, dass man die eskalierenden KuJ isoliert. Dies kann dadurch geschehen, dass man diese selber von den anderen KuJ entfernt (direkte Isolierung) oder dadurch, dass man die anderen KuJ vom Ort des Geschehens wegführt (indirekte Isolierung) (vgl. Dutschmann 2003, Nr. 44, 62). Wenn eine direkte Isolierung umgesetzt wird, dann kann es dazu kommen, dass sich die KuJ der Isolierung widersetzen und diese dann nur mit Unterstützung körperlicher Techniken durchgesetzt werden kann. Ein solches Vorgehen ist aus deeskalativer Sicht kritisch zu sehen, vor allem wenn es vertretbare Alternativen gibt. Ein Einsatz von körperlichen Techniken wird zu Recht sehr kritisch gesehen und ist auch nur unter ganz bestimmten Rahmenbedingungen gerechtfertigt (mehr dazu im Kapitel D, Abschnitt 2.2.1).

Durch die Isolierung der hochangespannten KuJ reduziert man die Anzahl möglicher „Opfer". Man verhindert, dass andere KuJ in die Eskalation einsteigen und man nimmt den eskalierenden KuJ „die Bühne" und somit a) einen zusätzlichen Stressfaktor oder b) einen zusätzlichen Konfliktnutzen (vgl. Dutschmann 2001, Nr. 46, 55; Rhode & Meis 2006, 169). Die Isolierung sollte mit so wenig Aufwand und Gewalt wie möglich stattfinden. In Institutionen, in denen es trotz aller deeskalativen Faktoren häufiger zu massiven Eskalationen kommt, muss es einen klaren Plan geben, wie man die KuJ effektiv und würdevoll isolieren kann. Zusätzlich

müssen die MitarbeiterInnen in diesen Einrichtungen regelmäßig (mehrfach im Monat) die standardisierten Abläufe einer solchen Intervention trainieren.
Während der Isolierung müssen die KuJ ständig im Blick behalten werden, damit man im Fall von selbstschädigendem Verhalten augenblicklich intervenieren kann. Auf keinen Fall darf die Aufsichtspflicht verletzt werden.
Die Isolierung dient dabei ausschließlich zur Sicherung und Gefahrenreduktion. Sie ist unter keinen Umständen ein pädagogisches Mittel der Disziplinierung. Sobald sich die KuJ sichtlich beruhigen (d. h., zurück in Phase B kommen) ist es an der Zeit, wieder mit ihnen in Kontakt zu gehen und durch gezielte verbale Deeskalation den Beruhigungsprozess zu begleiten.

Eine andere Situation, in der die Notwendigkeit einer körperlichen Intervention durch PädagogInnen entstehen kann ist, wenn KuJ sich oder andere Personen körperlich massiv schädigen. In diesem Fall haben die PädagogInnen die Pflicht zur Hilfeleistung (vgl. dazu Kapitel D, Abschnitt 2.3). Wie in einer solchen Situation vorgegangen werden kann, entnehmen Sie dem folgenden Kapitel.

1. Eskalierende Konflikte zwischen zwei oder mehreren KuJ

Grundsätzlich gilt, dass aggressive Eskalationen mit mehreren beteiligten KuJ deutlich schwerer zu deeskalieren sind, als solche, in denen man es mit nur einem KuJ zu tun hat.
Entsteht die Eskalation jedoch aus einem interpersonalen Konflikt zwischen KuJ heraus, interagiert man automatisch mit mindestens zwei KuJ. Die Beteiligung von mehreren KuJ führt aber nicht automatisch dazu, dass alle KuJ in gleicher Form und Intensität eskalieren. Da solche Situationen jedoch deutlich unübersichtlicher sind, ist es umso wichtiger, die Situation vor einem Eingreifen gut zu erfassen (vgl. Kapitel B, Abschnitt 1). Bei dieser Einschätzung sollte man sich einen Überblick verschaffen, wer der Beteiligten sich gerade in welcher Anspannungsphase befindet. KuJ, die sich noch in Phase A (grün) oder zu Beginn von Phase B (gelb) befinden, können verbale Reize noch ganz anders wahrnehmen und verarbeiten. Sie können zur Reduktion der Komplexität der Situation erstmal weggeschickt werden, damit man sich auf die hochangespannten KuJ konzentrieren kann. Da eine gezielte verbale Deeskalation, wie in Kapitel C beschrieben, nur mit einem KuJ einzeln durchführbar ist, muss man dafür sorgen, dass die hochangespannten KuJ isoliert werden. Dabei sollte man wenn irgendwie möglich versuchen, die Isolation nicht selber zu einem weiteren anspannungsauslösenden Reiz werden zu lassen.
Ziel einer jeden Intervention in komplexen Eskalationssituationen ist es, die Situation zu beruhigen und eine weitere Eskalation zu vermeiden. Es geht dabei nicht um die nachhaltige Lösung eines Problems!
Entscheidet man sich für eine direkte Intervention, so geht es im ersten Schritt darum, das Eskalationsmuster zu unterbrechen. Durch das Aussenden entsprechend durchdringender Reize versucht man die Aufmerksamkeit der KuJ für einen kurzen Augenblick voneinander ab- und auf die intervenierende Person umzulenken. Ist man damit erfolgreich, hat man diesen einen kurzen Augenblick Zeit, um mehr Kontrolle über die Situation zu bekommen. *(siehe Abbildung 27, Seite 159)*

Schafft man dies nicht, werden die KuJ sich wieder einander zuwenden, die Eskalation läuft weiter und man muss alternative Unterbrechungswege ausprobieren.

Um zu unterbrechen kann man
– direkte taktile Reize (direkte Berührungen),

- indirekte taktile Reize (z. B. Werfen von weichen Gegenständen, Bespritzen mit Wasser, etc.)
- akustische (Schreien, Klatschen, mit Gegenständen Geräusche erzeugen) und visuelle Reize (z. B. mit den Händen winken)

einsetzen.

Wenn die KuJ im Rahmen der Eskalation selber massiv schreien, dann ist der Einsatz von Schreien häufig nicht so effektiv wie andere akustische Reize (z. B. in die Hände klatschen), die sich vom vorhandenen akustischen Muster absetzen. Wenn man sich dafür entscheidet zu schreien, dann sollte man sich erst einmal darauf beschränken, den Namen der Personen zu schreien und auf jegliche inhaltlichen Botschaften zu verzichten. Wie bereits gesagt: das Ziel ist die Kontaktaufnahme und nicht das inhaltliche Gespräch.

Ob und wie sehr man sich dem Geschehen tatsächlich nähern will, hängt von der persönlichen Risikoeinschätzung ab. Je näher man ist, desto größer ist die Chance, dass man die Aufmerksamkeit der KuJ erlangt. Gleichzeitig steigt jedoch auch die Gefahr, dass man selber Teil der Eskalation wird (z. B. dadurch, dass man selber Schaden nimmt).

Selbst aus einigermaßen sicherer Distanz (d. h., es ist keine direkter Angriff ohne das Tätigen von mehreren Schritten möglich) kann man unterbrechende Reize aussenden, die jedoch mit steigender Entfernung an Wirksamkeit verlieren.

ACHTUNG: Die eigene Sicherheit und Unversehrtheit steht bei jeder Intervention im Vordergrund! Bedenken Sie, dass Sie sich durch eine körperliche Intervention auch selber in Gefahr bringen!

Sobald man durch die Intervention den Kontakt zu den KuJ hergestellt hat, muss die direkte Anweisung „AUSEINANDER" erfolgen. Diese muss klar und energisch, jedoch ohne jegliche Form von Wertung und Verurteilung geschehen. So steigert man die Erfolgsaussichten. Die KuJ müssen voneinander getrennt werden, da sie sich nur dann auf einen Beruhigungsprozess einlassen können, wenn gewährleistet ist, dass sie nicht mehr unmittelbar angegriffen bzw. verletzt werden können. Mit unmittelbar ist gemeint, dass der Angriff in weniger als einer Sekunde erfolgen kann. So hätten sie im Falle eines erneuten Angriffes genug Zeit, um sich auf die Verteidigung vorzubereiten.

Das Eingreifen und Anweisen der PädagogInnen kann manchmal dazu führen, dass die KuJ nun die Möglichkeit bekommen, sich ohne massiven Gesichtsverlust

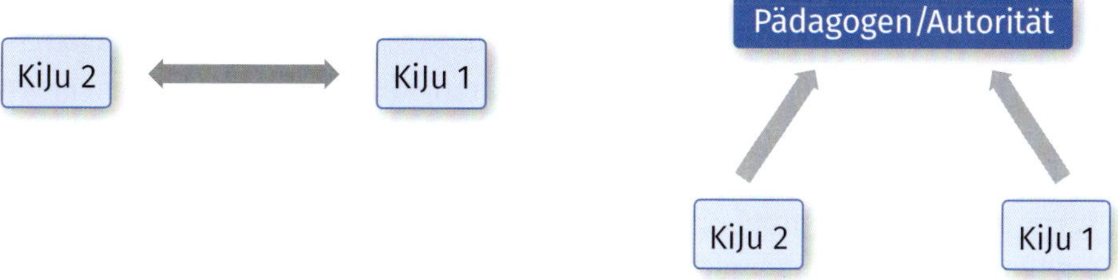

Abbildung 27

aus der Szene zu entfernen. Wären sie vorher aus freien Stücken gegangen, so könnten andere KuJ ihnen leichter Feigheit vorwerfen, als wenn sie auf Anweisung der Autorität handeln (vgl. Dutschmann 2001, Nr. 46, 47).

Bei ganz großer Anspannung und Gefährdung macht es Sinn, einen „Situations-Koordinator" zu bestimmen. Diese Person bleibt dann in einem sicheren Abstand und behält somit den Überblick (sowohl räumlich, als auch emotional). Diese Strategie wird u. a. auch in der Ersten Hilfe angewendet (vgl. Oster 2008, 28 f.). Voraussetzung dafür ist jedoch, dass mehrere potenzielle HelferInnen anwesend sind.

Es kommt gerade in Gruppen auch häufig dazu, dass sich KuJ von alleine in einen Konflikt einmischen, um ihn zu deeskalieren. Nicht selten haben sie dabei eine sehr gute Intuition. Dazu kommt, dass sie aufgrund einer guten Beziehung zu den hochangespannten KuJ auch eine belastbare Interventionsberechtigung haben. Der Unterschied zu einer Intervention durch Profis ist, dass die KuJ meist „nur" intuitiv handeln und emotional nicht ausreichend distanziert sind. Es besteht eine reale Gefahr, dass sie ungeplant und ungewollt Teil der Aggressions-Interaktion werden.

Als Autorität kann man natürlich auch KuJ um Mithilfe bei der Deeskalation und Intervention bitten. Die einfachsten Optionen dazu sind das Verlassen des Geschehens und das Holen von Hilfe. Unter Umständen kann es auch sehr hilfreich sein, umherstehende KuJ mit Aufgaben zu betreuen, damit diese eine Aufgabe haben und sich so leichter von der möglicherweise anziehenden Aggressions-Interaktion lösen können. KuJ dürfen aber zu nichts aufgefordert werden, was diese selber in ernste und unangemessene Gefahr bringen könnte. So kann man von ihnen bspw. nicht verlangen, sich direkt in eine körperliche Auseinandersetzung einzumischen.

Wenn es zu einem Kampf zwischen starken bzw. gefährlichen KuJ kommt, sollte man in jedem Fall zuerst versuchen, mit Interventionen von außen zu agieren. Falls diese nicht wirken, ist es empfehlenswert, Hilfe anzufordern. Diese beiden Schritte können natürlich auch zeitgleich erfolgen. Trifft Hilfe nicht rechtzeitig ein und eine KuJ ist nicht mehr in der Lage, sich ausreichend zu schützen, muss jede PädagogIn für sich entscheiden, ob sie trotz aller Gefahren doch zur direkten Intervention übergeht, oder nicht. In jedem Fall ist eine direkte Intervention in eine körperliche Auseinandersetzung von KuJ ein nicht zu 100% kalkulierbares Risiko, zu dem niemand in der Pädagogik gezwungen werden kann, wenn dadurch eine unzumutbare Gefahr oder eine Verletzung anderer wichtiger Pflichten entsteht (vgl. dazu Kapitel D, Abschnitt 2.3).

2. Intervention

2.1 Irritation

Greifen konventionelle Interventionsmethoden nicht (oder befürchtet man dies im Vorfeld), kann man versuchen, durch den Einsatz verwirrender Interventionstechniken (Paradoxe Intervention) zum Erfolg zu kommen. Ziel ist es dabei, die an der Eskalation beteiligten KuJ durch einen ungewohnten und/oder unerwarteten Reiz kurzfristig in ihrem aktuellen Muster zu unterbrechen. Häufig haben solch unerwartete Interventionen eine hohe Wirkungskraft.
Natürlich birgt der Einsatz solcher Techniken Risiken. In jedem Fall kann man keine sichere Prognose über die Wirkung der Intervention abgeben. Je nach Art und Weise der Intervention können sich die KuJ durch sie sogar zusätzlich provoziert fühlen. Dies kann unter Umständen zu einer weiteren Aggressionssteigerung und einer Aggressionsumlenkung auf die intervenierende Person führen. Auch ist es möglich, dass die verwirrende Intervention von Außenstehenden „ganz falsch" verstanden wird.
Je häufiger man ein und dieselbe Technik bei denselben KuJ anwendet, desto weniger wirksam wird sie, da sich die KuJ daran gewöhnen, bzw. die Absicht hinter der Technik durchschauen (vgl. Dutschmann 2003, Nr. 44, 81).
Da diese Form der Intervention hoch spontan und sehr situationsabhängig ist, wird hier darauf verzichtet, Vorschläge und Beispiele zu formulieren.

2.2 Körperliche Abwehr- und Begrenzungstechniken

Der Einsatz von körperlichem Zwang bzw. Aggression/Gewalt ist grundsätzlich untersagt. Das bedeutet jedoch nicht, dass der Einsatz entsprechender Techniken in Ausnahmesituationen juristisch doch gerechtfertigt sein kann (vgl. Hoegg 2006, 161 f.). Dies gilt auch für Menschen in pädagogischen Einrichtungen.
So kann die Anwendung körperlicher Abwehr- und Begrenzungstechniken in Bedrohungs- oder Gefahrensituationen gerechtfertigt sein, darf aber immer nur das allerletzte Mittel in der Gefahrenabwehr darstellen (vgl. Dutschmann 2001, Nr. 46, 58). Dies gilt sowohl in der Abwendung von Gefahren, die sich gegen die eigene Person als auch gegen andere Personen richten. Es gelten (auch in pädagogischen Einrichtungen) die Bestimmungen des Strafgesetzbuches, insbesondere §32 (Notwehr / Nothilfe) und §34 StGB (Rechtfertigender Notstand).

Ob der Einsatz einer körperlichen Abwehrtechnik also juristisch als gerechtfertigt eingestuft wird, oder ob außenstehende Personen die Notwendigkeit ebenfalls sehen, das ist leider oftmals unklar. Final kann dies nur in einem nachträglichen, einzelfallbezogenen (ggf. juristischen) Verfahren geklärt werden.
Wenn man sich im Rahmen einer pädagogischen Tätigkeit entscheidet, körperliche Techniken zur Trennung, Begrenzung und Abwehr einzusetzen, dann sollte man sich im Klaren darüber sein, dass dieser Einsatz im Nachhinein immer auch kritisch betrachtet werden muss.
Es besteht auch durchaus die Gefahr, dass man im Eifer des Geschehens das Maß der Verhältnismäßigkeit überschreitet. Dadurch bringt man sich leider, meist ungewollt, in größere Rechtfertigungs- und Erklärungsnot.
Vor allem für Menschen, die mit Kindern und / oder geistig beeinträchtigten Menschen arbeiten gilt, dass sie noch zurückhaltender mit dem Einsatz körperlicher Techniken sein müssen, als es „NormalbürgerInnen" sein müssen. Vielmehr müssen sie sich alternativer Techniken und Taktiken bedienen können, um in eskalierenden Situationen auf den Einsatz körperlicher Techniken verzichten zu können (vgl. AJS 2017, 3).

2.2.1 § 32 StGB Notwehr / Nothilfe in der Arbeit mit KuJ

„(1) Wer eine Tat begeht, die durch Notwehr geboten ist, handelt nicht rechtswidrig.
(2) Notwehr ist die Verteidigung, die erforderlich ist, um einen gegenwärtigen, rechtswidrigen Angriff von sich oder einem anderen anzuwenden." (StGB 2022)

Jegliche Form der körperlichen Züchtigung von KuJ wäre ein Eingriff in die körperliche Unversehrtheit / Integrität des KuJ und ist in Deutschland verboten. Im Rahmen der Notwehr und Nothilfe kennt das deutsche Strafgesetz allerdings sogenannte Rechtfertigungsgründe. Diese Rechtfertigungsgründe können dem „Eingriff" sowohl im strafrechtlichen als auch im disziplinarrechtlichen Sinne die Strafwürdigkeit nehmen.
Wird eine Person körperlich angegriffen, oder sieht sie, wie eine dritte Person körperlich angegriffen wird, darf sie mit dem Einsatz körperlicher Aggression reagieren, um den Angriff abzuwehren, falls keine anderen zumutbaren Reaktionen mehr möglich oder wirksam sind (vgl. Schulministerium NRW o. J.; VBE 2017, 42; Hoegg 2010, 160 ff.).
Ob diese Gegenwehr nun gerechtfertigt werden kann, hängt von verschiedenen Faktoren ab:

1. *Der Angriff muss rechtswidrig sein*
   - Rechtswidrig ist der Angriff dann, wenn er gegen das Gesetz verstößt und es keinen Grund gibt, dass die angegriffene Person den Angriff erdulden muss. Notwehr gegen Notwehr gibt es nicht. Das bedeutet, dass man sich gegen den Einsatz gerechtfertigter Notwehr nicht zu Wehr setzen darf. Wenn eine beleidigende oder schlagende Person mit Notwehr konfrontiert wird, darf diese sich nicht gegen die Notwehr zur Wehr setzen
2. *Der Angriff muss noch gegenwärtig sein*
   - Gegenwärtig bedeutet in diesem Sinne, dass der Angriff unmittelbar bevorsteht, gerade stattfindet oder noch fortdauert
   - Nothilfe und Notwehr greifen nicht mehr als Rechtfertigungsgrund, wenn die Unmittelbarkeit der Gefahr nicht (mehr) gegeben ist
3. *Die Verteidigungshandlung muss verhältnismäßig sein*
   - Die Notwehrhandlung muss objektiv erforderlich, geboten und vom Verteidigungswillen getragen sein. Erforderlich ist diejenige Verteidigungshandlung, die einerseits die sofortige Beendigung des Angriffes erwarten lässt, andererseits aber auch das schonendste Mittel zur Erreichung der Abwehr bildet
   - Gegenüber angreifenden Kindern und Jugendlichen, insbesondere in der Erziehungssituation gilt „Schutzwehr“ vor „Trutzwehr“. Das bedeutet, dass man sich als PädagogIn generell auf defensive Schutztechniken beschränken soll, solange sich dadurch keine unzumutbare Gefahr ergibt. Das Festhalten eines KuJ, damit dieses/dieser nicht weiter schlagen oder treten kann, würde zum Beispiel als defensive Form der Notwehr gewertet werden

   (vgl. AJS 2017; Hoegg 2006, 160 f.; Bezirksregierung Münster 2017, 24 f.)

Noch einige wichtige Hinweise:

- Notwehrfähige Rechtsgüter sind neben dem Körper und der Gesundheit zum Beispiel auch Eigentum, Besitz und Ehre (im Sinne des Strafgesetzbuches) (vgl. Hoegg 2006, 160 f.)
- Nothilfe kann problematisch werden, wenn sich die angegriffene Person erkennbar nicht verteidigen möchte und die Hilfe unerwünscht ist
- Man sollte sich immer bewusst sein, das die situative Wahrnehmung von Menschen höchst subjektiv ist und somit auch die Bewertung, ob eine Situation als „notwehrwürdig“ angesehen wird, sehr unterschiedlich ausfallen kann. Besonders vorsichtig sollte man mit dem Einsatz körperlicher Techniken sein,

wenn diese im Rahmen eines Konfliktes mit den KuJ zum Einsatz kommen und die beteiligten PägagogInnen sich selber in hoher emotionaler Anspannung befinden. In einer solchen Verfassung sinkt die Hemmschwelle zum Einsatz körperlicher Techniken schnell ab!

- Im Rahmen der Nothilfe ist man nur dann zum direkten körperlichen Eingreifen verpflichtet, wenn man sich dadurch nicht selber in akute und nicht zumutbare Gefahr bringt (vgl. VBE 2017, 44)

Wenn man über das Thema Notwehr in pädagogischen Settings spricht, dann geht es meistens darum, ob und wie Autoritäten im Rahmen von Notwehr körperlich werden dürfen. Außer Acht gelassen wird häufig folgender Punkt: **Auch KuJ haben das Recht auf Notwehr!** Wie häufig wird ihnen dies aber verwehrt? Natürlich ist es für Autoritäten bei einem Konflikt zwischen KuJ schwer herauszufinden, wer Recht oder Unrecht hat, wenn sie selber nicht Zeuge einer aggressiven Auseinandersetzung waren. Deswegen aber pauschal allen Beteiligten das Recht auf Selbstschutz durch Notwehr abzusprechen, kann auch nicht der richtige Weg sein! Dies löst, vor allem bei denen KuJ, die sich tatsächlich verteidigt haben, ohne eine andere vertretbare Option gehabt zu haben, zu Recht Gefühle von Ungerechtigkeit und Ärger aus!

Umso wichtiger ist in solchen Fällen eine professionelle Nachkrisenkommunikation. Durch diese kann ein ggf. entstandenes Empfinden von Ungerechtigkeit auf Seiten von KuJ reduziert bzw. aufgehoben werden.

Man muss an dieser Stelle auch beachten, dass eine Notwehr- / Nothilfehandlung erst im Nachhinein gerechtfertigt werden kann. Das bedeutet, die Handlung stellt zunächst einen potenziellen Rechtsbruch dar. Daraus folgt, dass die Situation und damit auch die getätigten Handlungen nachträglich untersucht werden müssen. Dieser Untersuchungsprozess geschieht aber nicht aus Zweifel an der Glaubwürdigkeit einer bestimmten Person bzw. Situationsdarstellung. Man sollte sich also nicht darüber wundern und empören, wenn dies geschieht.

2.3 § 323c StgB Unterlassene Hilfeleistung; Behinderung von hilfeleistenden Personen

„(1) Wer bei Unglücksfällen oder gemeiner Gefahr oder Not nicht Hilfe leistet, obwohl dies erforderlich und ihm den Umständen nach zuzumuten, insbesondere ohne erhebliche eigene Gefahr und ohne Verletzung anderer wichtiger Pflichten möglich ist, wird mit Freiheitsstrafe bis zu einem Jahr oder mit Geldstrafe bestraft.

(2) Ebenso wird bestraft, wer in diesen Situationen eine Person behindert, die einem Dritten Hilfe leistet oder leisten will." (StGB 2022)

Die Erforderlichkeit richtet sich nach der Perspektive eines Betrachters im Moment der Ausgangssituation. Alle später ablaufenden Vorgänge, die zum Betrachtungszeitraum noch nicht bekannt sein konnten, sind für die Abwägung der Erforderlichkeit nicht relevant.
Die Hilfeleitung muss geeignet und notwendig sein, um weitere Schäden abzuwenden.
Beim Aspekt der Zumutbarkeit geht es um eine Abwägung von Gütern und Interessen. Eine potenzielle HelferIn muss eigene Belange umso eher zurückstellen, je näher er/sie zum Unfallgeschehen steht und je größer die Gefahr des Verunglückten ist. Dies gilt vor allem dann, wenn die potenziellen HelferInnen eine sogenannte Garantenpflicht trifft (vgl. juraforum.de).
Einer Person mit Garantenstellung obliegt die Pflicht, Rechtgutbeeinträchtigungen von der durch ihn/sie zu schützenden Person bestmöglich in zumutbarer Weise abzuwenden. PädagogInnen haben in der Ausübung ihrer Tätigkeit in der Regel die Pflichten von „Beschützergaranten", sowie von „Überwachungsgaranten" (vgl. kitarechtler.de). PädagogInnen sollten also ausreichend auf realistische Szenarien (wie z. B. körperliche Gewalt unter KuJ) vorbereitet sein und werden, damit sie ihrer Pflicht nachkommen können.
Die Pflicht zur Hilfeleistung erlischt jedoch dann, wenn die Gefahr besteht, dass die HelferInnen selber unzumutbaren Schaden erleiden (vgl. VBE 2017, 44).

E › Nachsorge / Nachkrisenbetreuung

Emotionale und vor allem aggressive Eskalationen brauchen eine professionelle Nachbearbeitung.
In der Nachsorge bzw. der Nachkrisenbetreuung wird zwischen dem Umgang mit den KuJ, dem Umgang mit den betroffenen MitarbeiterInnen sowie betroffenen Dritten unterschieden.
Grundsätzlich kann man erwarten, dass ein gutes soziales Grundklima (Teil der präventiven Deeskalation) dazu beiträgt, dass eine Nachbetreuung bei aggressiven Eskalationen für die Betroffenen „besser“ verläuft, als wenn das Grundklima (z. B. im Team) nicht gut ist (vgl. Richter 2007, 52).

1. Nachkrisenbetreuung für KuJ

Mit Blick auf die KuJ ist zu akzeptieren, dass neben allen anderen Beteiligten auch die vorher aggressiv eskalierten KuJ eine fürsorgliche Nachkrisenbetreuung benötigen. Ausnahmen mag es geben, wenn es sich um eine instrumentelle und von den KuJ kalkuliert herbeigeführte Aggression gehandelt hat.
Ziel der Nachkrisenbetreuung nach einer emotionalen Eskalation ist es, die Beruhigung und emotionale Sicherung der KuJ zu unterstützen und eine erneute Rückkehr in Hochanspannung in der nächsten Zeit möglichst zu vermeiden. Ein weiteres Ziel ist die sozial-emotionale Sicherung der eskalierten KuJ. Sie müssen erfahren, dass sie trotz der Eskalation als Mensch anerkannt und gemocht werden. Kritik und Ablehnung darf lediglich dem gezeigten Verhalten gegenüber geäußert werden. Es sollte unbedingt vermieden werden, dass sich die KuJ als Persönlichkeit abgelehnt fühlen. Leider ist dieses Risiko bei emotional verunsicherten KuJ, die auch ein größeres Eskalationsrisiko aufweisen, erhöht. Sie interpretieren sachliche Verhaltenskritik oftmals schneller als Kritik an ihrer Person und Persönlichkeit.
Gemäß dem Prinzip „Beruhigung vor Begrenzung" sollte die Entspannungsphase abgeschlossen sein, bevor man die KuJ in ein reflexives Gespräch über das Ereignis verwickelt und sie evtl. mit möglichen Konsequenzen für ihr Verhalten konfrontiert.
Wurde im Rahmen der Deeskalation der Kontakt zu den KuJ unterbrochen, so ist es ratsam, die KuJ im Rahmen der erneuten Kontaktaufnahme zu fragen, ob sie sich in der Lage dazu fühlen, ein Gespräch über die Eskalation zu führen. Auch hier kann man, in leicht abgewandelter Form, die Prinzipien und Techniken der verbalen Deeskalation (vgl. Abschnitt C) anwenden. Man spiegelt dem KuJ wertfrei wider, wie man selber die Situation und die KuJ erlebt hat und fragt dann, was genau zu der Eskalation geführt hat. Lassen sich die KuJ auf das Gespräch ein, kann durch den Einsatz von Konkretisierungsfragen mehr über den Hintergrund des Empfindens der KuJ herausgefunden werden. An dieser Stelle können die KuJ dann auch angemessen mit den Konsequenzen möglicher Taten konfrontiert werden. Dabei sollte man berücksichtigen, dass KuJ im Rahmen von traumabedingten aggressiven Eskalationen oft keine Erinnerung an das Verhalten haben, das sie während der Hochanspanungs-Eskalation gezeigt haben (vgl. Haupt-Scherer 2018, 37). Dementsprechend schwer kann es ihnen fallen, für dieses ihnen unbewusste Verhalten die Verantwortung zu übernehmen. Bezüglich der Konsequenzfindung empfiehlt es sich sehr, die KuJ mit einzubeziehen und den Fokus dabei auf kons-

truktive Ziele (z. B. Ausgleich schaffen) zu legen. Im nachbereitenden Umgang mit einer instrumentellen Aggression wäre dies sicher nicht ausreichend.
Wenn man sich darum sorgt, dass die Ansprache der Konsequenzen bei den KuJ erneut Spannung auslöst, kann man versuchen, die KuJ emotional etwas vorzubereiten. Z. B. könnte man sagen: „Ich habe da noch etwas auf dem Herzen, was ich mit dir besprechen möchte und ich kann mir vorstellen, dass dir das nicht gefallen wird." Damit signalisiert man, dass man sich schon mit der Perspektive der KuJ auseinandergesetzt hat.
Es kommt auch vor, dass die KuJ sich nach einer ungewollten Eskalation schuldig fühlen und in eine Art „Post-Deeskalations-Depression" verfallen. Je nach Belastungsbild des KuJ besteht hier durchaus die Gefahr, dass es zu physisch und sozial selbstschädigendem Verhalten kommt. Auch dies soll durch die Nachkrisenbetreuung verhindert werden.
Wenn die Eskalation „heftig" war und auch unbeteiligte Personen Zeuge davon wurden, kann es sein, dass auch sie Betreuung für die Verarbeitung des Erlebten benötigen. Dies sollte man vor allem in der Arbeit mit KuJ berücksichtigen, die selber schon Opfer von massiver Gewalt geworden sind.
In jedem Fall sollte für alle Beteiligten Transparenz darüber geschaffen werden, wie mit der Situation umgegangen wurde und weiter umgegangen wird. Dies dient zum einen dazu, dass sich keine Gerüchte und Unwahrheiten verbreiten, zum anderen gibt es Orientierung und Klarheit. Selbstverständlich müssen und dürfen gegenüber „Dritten" keine entblößenden Details über betroffene Personen benannt werden, aber grobe Informationen sollten bereitgestellt werden. Dazu gehören folgende Aspekte:

- Was ist wann passiert?
- Wer war beteiligt?
- Wie wurde von Seiten der Autoritäten reagiert?
- Welche Konsequenzen gibt es für die beteiligten Aggressoren?
- Welche Konsequenzen gibt es für die Gruppe?

Gerade wenn man mit instrumentellen Aggressionen zu tun hatte, ist es wichtig, dass die Autoritäten die „narrative Hoheit" auf ihrer Seite halten. Das bedeutet, sie bestimmen die Erzählung über das Geschehene. Die „Aggressoren" könnten nämlich ein Interesse daran haben, die Geschichte aus ihrer Perspektive als die wahre Geschichte zu etablieren. Dabei werden sie vor allem in Bezug auf die Konsequenzen schweigen oder bagatellisieren. In solchen Fällen kann es dazu kommen, dass es bei anderen KuJ zu einer ungünstigen Verschiebung in der Kosten-Nutzen-Wahrnehmung kommt und sie nun selber dazu tendieren, entsprechende instrumentelle Aggressionen auszuführen.

Wenn KuJ auf bedrohliche Ereignisse nicht mit Aggression sondern mit „Erstarren“ reagieren, dann sollte mit ihnen im Prinzip so verfahren werden, wie es im Kapitel E, Abschnitt 2.2 „Kollegiale Erstversorgung“ beschrieben ist.

2. Nachsorge bei betroffenen PädagogInnen

Wenn PädagogInnen im Beruf mit Gewalt und Aggression konfrontiert werden, kann dies sehr unterschiedliche Auswirkungen auf sie haben. Wie sich das jeweilige Ereignis auf die Individuen auswirkt, ist dabei höchst unterschiedlich und kann von Außenstehenden nicht mit voller Gewissheit prognostiziert werden. Man kann davon ausgehen, dass eine subjektive Beeinträchtigung wahrscheinlicher wird, je intensiver das subjektive Gewalt- bzw. Aggressionserlebnis war. Je unvorbereiteter ein solches Erlebnis ein Individuum trifft, desto größer ist das Risiko, subjektive Hilflosigkeit zu erleben. Damit steigt auch die Gefahr der Entwicklung einer nachhaltigen Beeinträchtigung der Betroffenen. Kurz gesagt: Je größer das Ohnmachtserlebnis, desto größer die Gefahr von „Spätfolgen".
Die meisten Aggressionserlebnisse mit KuJ machen PädagogInnen im ganz normalem Alltag. Nach solchen Eskalationserfahrungen haben sie in der Regel keinen direkten Zugang zu professioneller psychologischer Hilfe. Umso bedeutsamer ist die Nachsorge, die vor Ort durch KollegInnen geleistet werden kann. Diese Form der Hilfe wird hier kollegiale Nachsorge genannt.
Ziel der kollegialen Nachsorge ist es, die Verarbeitung der Erlebnisse bei den Betroffenen sofort nach dem konkreten Ereignis, also in der sogenannten Schockphase, positiv zu beeinflussen. „Je früher und je besser das Erlebte von den Betroffenen psychisch bewusst verarbeitet wird, umso geringer ist die Wahrscheinlichkeit, dass sich eine posttraumatische Belastungsstörung entwickelt" (Unfallkasse NRW 2010, 76 f.). Die kollegiale Nachsorge sollte in jedem Fall auf aggressive Hochanspannungserlebnisse folgen, auch in dem Wissen, dass bei weitem nicht jede und jeder Betroffene von traumatischen Ereignissen eine posttraumatische Belastungsstörung entwickelt (vgl. Richter 2007, 19). Da man dies jedoch nicht vorhersehen kann, wäre es fahrlässig, auf eine kollegiale Erstbetreuung und auf das Angebot einer professionelle Nachbetreuung zu verzichten.

2.1 Belastungsreaktionen

Nicht alle Menschen reagieren auf ein und dasselbe Ereignis gleich. Auch ein einzelner Mensch reagiert auf ein und dasselbe Ereignis nicht immer gleich. Dies gilt natürlich auch für das Erleben von Aggressionen. Die Folgen von Aggressionserlebnissen bewegen sich zwischen

– keine spürbaren Auswirkungen, über

- akute Belastungsreaktionen bis hin zu
- Posttraumatischen Belastungsstörungen (PTBS).

Laut Unfallkasse NRW (2010, 16) wirken sich dabei folgende Faktoren auf die Wahrscheinlichkeit des Auftretens von Belastungsreaktionen und deren Intensität aus:

- Individuelle Persönlichkeit
- Der Kontext, in dem die Aggression erlebt wurde
- Gelernte Verhaltensmuster (bewusst oder unbewusst)
- Persönliche Ressourcen und Verarbeitungsstrategien
- Die Umgebung
- Die gesellschaftlichen Erwartungen

Aggressive und gewalttätige Erfahrungen müssen nicht zwangsläufig dazu führen, dass die Betroffenen sich dadurch massiv belastet fühlen. Wichtig ist jedoch, dass man bedenkt und akzeptiert, dass „solche" Ereignisse immer das Potenzial haben, auch gestandene und psychisch sehr stabile Menschen problematisch oder gar traumatisch zu belasten. Das traumatische Ereignis wird deswegen so bezeichnet, weil es an sich geeignet ist, Menschen zu traumatisieren. Wichtig ist dabei zu wissen, dass auch nicht direkt betroffene Personen, z. B. Zeugen, Belastungsreaktionen entwickeln können (Unfallkasse NRW 2010, 17).

Das Trauma ist dabei nicht das traumatische Ereignis selber, sondern die durch das Erleben des Ereignisses entstandenen „Schäden" und „Wunden". Die hier gemeinten Schäden sind emotionaler und psychischer Art.

Man unterscheidet bei den Formen möglicher Belastungen zwischen akuten und verzögerten Belastungsreaktionen sowie posttraumatischen Belastungsstörungen (vgl. Richter 2007, 87).

Akute Belastungsreaktionen / Psychischer Schock

Der Diagnoseschlüssel des ICD-10 F43.0 beschreibt den Schock als akute Belastungsreaktion: „Vorübergehende (Stunden bis mehrere Tage andauernde), meist wenige Minuten nach einem belastenden Ereignis auftretende, psychische Störung bei einer bislang psychisch unauffälligen Person." In einzelnen Fällen kann das Auftreten der Symptome auch bis zu 2 Tage verzögert auftreten. In den meisten Fällen klingen die Symptome nach Stunden oder einigen Tagen wieder ab (vgl. Unfallkasse NRW 2010, 16). Diese Phase kann z. B. durch eine gelungene Intervention mit anschließender Nachsorge beendet werden. Spätestens endet diese Phase jedoch, wenn der natürliche Schlaf einsetzt. Dies geschieht in der Regel spätestens nach den oben genannten 2 Tagen.

Die Symptome, die bei einem psychischen Schock auftreten können, sind individuell unterschiedlich und i. d. R. nicht gefährlich. Zu den häufigsten Anzeichen für einen psychischen Schock gehören

- wechselnde Symptome von Depression, Angst, Verzweiflung, Überaktivität
- eine Einengung des Bewusstseins, eingeschränkte Aufmerksamkeit, Unfähigkeit, auf Reize angemessen zu reagieren
- Ausführen mechanischer Handlungen
- Rückzug in sich selbst, bis hin zur Erstarrung
- Hektik und Nervosität, bis hin zur Fluchtreaktion
- Desorientierung
- Gefühllosigkeit, Abstumpfung, fehlende emotionale Ansprechbarkeit

Diese Anzeichen können einzeln, zusammen oder auch aufeinander folgend auftreten. Ihre Ausprägung ist individuell unterschiedlich. Als körperliche Symptome können bei einem akuten psychischen Schock Herzklopfen, Zittern und vermehrtes Schwitzen auftreten. Teilweise kann es auch zu einem Gedächtnisverlust kommen, der umgangssprachlich als Filmriss bezeichnet wird (vgl. www.medizininfo.de; Unfallkasse NRW 2010, 16).
Diese oder ähnliche akute Belastungsreaktionen sind „normale Reaktionen auf ein unnormales Ereignis“ (Haupt-Scherer 2018, 25) und noch nicht als Störung zu bewerten.

Verzögerte Belastungsreaktionen
Verzögerte Belastungsreaktionen sind Symptome, die im Anschluss an die Phase des psychischen Schocks auftreten können. Das Auftreten kann bis zu 4 Wochen, in Ausnahmefällen bis zu 6 Monate nach dem Ereignis geschehen. Zu den gängigen Symptomen zählen

- Hilflosigkeitsgefühle, depressive Verstimmung, Traurigkeit
- Angstzustände, bis hin zu Panikattacken
- Überaktivität, übertriebene Lustigkeit
- Ärger, Wut, Hassgefühle, hohe Reizbarkeit
- sozialer Rückzug, wachsendes Misstrauen, übermäßige Wachsamkeit
- Orientierungslosigkeit, Versagensängste, Schuld- und Schamgefühle
- Schlaflosigkeit, Alpträume
- Unfähigkeit zur Freude oder zum Genuss
- extreme Schweigsamkeit
- verändertes Ess-, Trink- oder Rauchverhalten

(vgl. Dittmar 2009, 8; DeGPT 2020 b; Richter 2007, 16)

Die einzelnen oben aufgeführten Indikatoren müssen nicht zwangsläufig auf ein vergangenes traumatisch-belastendes Erlebnis hinweisen. Wenn man allerdings einen Bezug zu solch einem Ereignis herstellen kann, so ist (vor allem das vermehrte) Auftreten dieser Symptome ein ernstes Anzeichen dafür, dass die Verarbeitung des Ereignisses nicht günstig verläuft. Neben der Kenntnis der möglichen Symptome ist es auch wichtig, dass man grundsätzlich akzeptiert, dass man auch persönlich von solchen Belastungsreaktionen betroffen sein kann. Es ist gut vorstellbar, dass es PädagogInnen leichter fallen wird, sich im Fall auftretender Belastungsreaktionen Hilfe zu holen, wenn sie es gewohnt sind, ihre persönliche Emotionalität zu reflektieren und diese gegenüber anderen Personen zu verbalisieren. Die Etablierung einer entsprechenden Reflexions- und Kommunikationskultur ist damit auch als ein bedeutsamer Präventionsfaktor anzusehen.
Wenn man es gewohnt ist, alleine zu arbeiten und alleine zurechtzukommen, kann es jedoch eine große Überwindung sein, sich im Kontext von Aggressionserfahrungen Hilfe zu holen. Es kommt vor, dass PädagogInnen, nachdem sie aufgrund einer akuten Gefährdung machtvolle Hilfe (z. B. die Polizei) hinzuziehen mussten, ein Gefühl des Versagens entwickeln. Hier kann evtl. eine Umdeutung des Hilferufens hilfreich sein. Das Hinzuziehen von Hilfe ist eine bewusste und überlegte Entscheidung, mit dem Ziel, eine gegenseitige Schädigung zwischen KuJ und PädagogIn zu verhindern / zu reduzieren. Dadurch, dass die Autoritäten Hilfe einholen, beweisen sie ihre Handlungsfähigkeit und bedienen sich legitimer Mittel, die ihnen durch ihre Autorität gegeben sind.

Posttraumatische Belastungsstörung

Dauern die Symptome der Belastungsreaktionen über einen Zeitraum von 4 Wochen hinweg weiter an, so bezeichnet man dies als posttraumatische Belastungsstörung. Hat ein Individuum diese Phase erreicht, ist es in der Regel nicht mehr möglich, ohne professionelle Hilfe Symptomfreiheit zu erreichen (vgl. Unfallkasse NRW 2010, 16). „Die Notwendigkeit wird unterstrichen durch den Umstand, dass eine psychische Traumatisierung parallel zur PTSB noch weitere psychische Folgeschäden und soziale Probleme hervorrufen“ kann (Richter 2007, 21).
Laut Richter (2007, 23) kommt es auch vor, dass das Überleben bzw. Überstehen einer bedrohlichen Situation von den Betroffenen nach einiger Zeit als positives, den Selbstwert stärkendes Ereignis bewertet wird. Sicherlich sollte man nicht so naiv sein und nach dem Motto „*Was mich nicht umbringt, macht mich härter*“ tatenlos auf das Einsetzen der „Selbstheilung“ warten. Eine PTBS ist eine psychische Erkrankung, die unbedingt professionell behandelt werden sollte.

Ziel jeglicher Formen professioneller Nachsorge nach Aggressionserlebnissen ist es, das Entstehen einer PTBS zu verhindern.

2.2 Kollegiale Erstversorgung

Außenstehende (z. B. KollegInnen) können im Rahmen einer kollegialen Erstbetreuung durch physische und „emotionale" Erste Hilfe einen wichtigen Beitrag dazu leisten, einen nachhaltigen Schaden bei Betroffenen abzuwenden oder ihn zu begrenzen. Neben der kognitiven Verarbeitung und Einordnung des Geschehenen, spielt vor allem die soziale Unterstützung nach einem traumatischen Ereignis eine große Rolle (Richter 2007, 27). Damit dies geschehen kann ist es „entscheidend, das Maß an Angst und Aufregung, möglicherweise auch Schmerz und Ekel zu reduzieren, um möglichst bald so viel Sicherheit wiederherzustellen, dass alle Hirnregionen wieder arbeiten können und eine normale Gedächnisverarbeitung funktionieren kann" (Haupt-Scherer 2018, 25).

Kollegiale Erstversorgung kümmert sich unmittelbar nach dem aggressiven Ereignis um die soziale, emotionale und organisatorische Unterstützung der Geschädigten. Ziel ist die Beruhigung, Sicherung, Reorientierung der betroffenen Person im sicheren Hier und Jetzt. Ihr muss bewusst und unterbewusst klar werden, dass die Gefahrensituation beendet ist.

Dies kann erreicht werden durch

- Führen in einen sicheren Raum
- Bewusstmachen und Bewusstwerden von „Es ist vorbei! Ich bin sicher!"
- Initiieren von Entspannung (u. a. Ruhe, Versorgung, Co-Regulation, Atemtechniken)
- Schutz vor „Befragung zum Ereignis"
- Erspüren bzw. vorsichtiges Erfragen und Erfüllen zentraler Bedürfnisse der Geschädigten (z. B. Zuwendung, Ortswechsel, Wertschätzung, ...)
- Versichern, dass die akuten Gefühle und Wahrnehmung „normale" Reaktionen auf ein unnormales Ereignis sind
- Geben von Informationen zum weiteren Vorgehen
- Anbieten von Hilfe bei notwendigen Formalitäten
- Begleitung nach Hause oder zu einem notwendigen Arztbesuch
- Vereinbarung möglicher weiterer Unterstützung

(vgl. Unfallkasse NRW 2010, 77 f.; Richter 2007, 37; Wilk und Wilk 2007, 146; Haupt-Scherer 2018, 26)

Die verbale und non-verbale Kommunikation sollte dabei so empathisch sein, dass alle drei folgenden Dimensionen von Verständigung für die Betroffenen erfüllt sind:

	Empfinden	„Betroffene(r)“	UnterstützerIn
1	„Ich weiß mich verstanden!“	kognitiv	kognitiv
2	„Ich fühle mich verstanden!“	emotional	kognitiv
3	„Ich fühle mich gefühlt!“	emotional	emotional

Abbildung 28

Die Begleitung sollte so lange erfolgen, wie sie als nötig erachtet wird! Dabei kann es zu unterschiedlichen Einschätzungen zwischen den Betroffenen und den Betreuenden kommen. Wenn eine betroffene Person keine (weitere) Begleitung durch KollegInnen wünscht, dann ist in diesem Fall natürlich dem Wunsch der Betroffenen zu folgen, sofern keine Anzeichen von erheblicher Gefährdung (z. B. Selbstverletzung) auftreten. Entscheidend bei allen Hilfsangeboten ist, dass die Betroffenen selber bestimmen, welche Angebote angenommen werden und welche nicht (vgl. Richter 2007, 88). „Traumatisierte Personen brauchen beide Seiten, die Sicherheit, unterstützt zu werden und die Autonomie, selbst zu bestimmen, welche Bedürfnisse bestehen und welche Angebote annehmbar sind“ (ebd.). Die weiterführenden Hilfsangebote nach der Akutversorgung sollten nach Richter auch nur dann erfolgen, wenn die Betroffenen weiterhin psychische Belastungen verspüren (2007, 90). Würde man bei Betroffenen ohne weitere Belastungsanzeichen weiterhin „nachsorgend intervenieren, bestünde die Gefahr, den individuellen Regenerationsverlauf zu stören und ggf. sogar aufzuhalten“ (ebd.).
Die Betroffenen müssen, wie oben schon erwähnt, körperlich, emotional und gedanklich aus der traumatischen Situation und damit auch aus der möglichen Opferrolle gelöst werden. Deswegen ist es von besonderer Bedeutung, darauf zu ver-

zichten, die Betroffenen dazu aufzufordern, über das Erlebte oder ihre aktuellen Gefühle zu berichten. Mit solchen Aufforderungen zum Erzählen steigt die Gefahr einer sofortigen Retraumatisierung, da die Erzählenden wieder in das Geschehen eintauchen, aus dem sie eigentlich herausgeholt werden sollen. Daraus folgt, dass man in der Nachbereitung eines traumatischen Erlebnisses auf den Einsatz des weitverbreiteten „Debriefings" (CISD bzw. CISM) verzichten sollte, da es meist keine oder sogar eine kontraproduktive Wirkung zeigt (vgl. Richter 2007, 36 f.).
Darüber hinaus gibt es einige Formulierungen, die man in dieser Phase des Kontaktes unterlassen sollte. Diese können für die akut Betroffenen in ihrer Ausnahmesituation eine negative Wirkung haben. Zu diesen Äußerungen gehören u. a.:

Formulierung	vermeiden weil:
Was ist hier passiert / los? Erzähl mal!	Gedankliche Reinszenierung des Geschehens
Ist doch nicht so schlimm!	Bagatellisieren! „Opfer übertreibt!"
Damit muss man hier klarkommen!	Das Opfer ist Schuld an der Belastung!
Warum hast du nicht?!	Das Opfer ist Schuld am Ereignis!
Alles wird gut! Das geht vorbei!	Übergehen der aktuellen Lage des Opfers!
Beruhige dich!	Das Opfer macht Probleme / übertreibt!
Du hast alles richtig gemacht!	Unglaubwürdig! Unpassende Beschwichtigung!
Wie geht es dir?	Fokus auf die Belastungsreaktion!
Ich habe sowas auch schon erlebt …!	Man ist nicht beim „Opfer"!

Abbildung 29 (vgl. Richter 2007, 99)

Die meisten dieser Formulierungen erfolgen in guter Absicht und auch oft nur halb bewusst. Dennoch sind sie im Moment der Erstversorgung ungeeignet. Zu einem späteren Zeitpunkt gesagt / formuliert richten sie i. d. R. weniger Schaden an. Die Frage nach dem konkreten Situationshergang ist im Rahmen der Fallanalyse / Reflexion zwar unumgänglich, aber eben erst in dieser Phase und nicht schon in der akuten Erstbetreuung. Diese Einschränkung ist vor allem dort wichtig, wo man mit offensichtlich schwer belasteten „Opfern" in Kontakt kommt. Scheint ein Mensch akut wenig belastet, dann bergen die entsprechenden Formulieren ggf. ein geringeres Risiko. Dennoch stellt sich die Frage, ob man nicht vorsorglich auch hier erst einmal darauf verzichten sollte.
Hier gilt es, lange ansozialisierte Kommunikationsmuster zu verändern. Das ist im Prinzip leicht, aber in der Praxis eine echte Herausforderung, die man bewusst annehmen muss, die Absicht alleine reicht nicht aus. Hier muss man aktiv daran arbeiten.
Die Kontaktaufnahme erfolgt im Prinzip nach demselben Prinzip wie in Kapitel C, Abschnitt 2.2 dargestellt.
Man muss dabei wissen, dass viele Betroffene die Kontaktaufnahme von außen brauchen. Sie selber sind kurz nach dem Übergriff gar nicht in der Lage, aktiv Kontakt zu potenziellen HelferInnen aufzunehmen. Sie sind noch akut von innerem Chaos, von Angst und Sprachlosigkeit betroffen (vgl. Richter 2007, 93). Nur die Ansprache von außen kann ihnen dabei helfen, emotional und gedanklich aus der für sie noch andauernden Situation auszusteigen (ebd.).

- Sprechen Sie die Betroffenen direkt mit Namen an!
- Stellen Sie sich vor!
- Stellen Sie Blickkontakt her!
- Sagen Sie, dass Sie helfen wollen!
- Versichern Sie den Betroffenen, dass sie nun in Sicherheit sind!
- Spiegeln Sie die Situation. Z. B.: „Sie haben gerade etwas Schlimmes erlebt. Was Sie gerade fühlen und durchmachen, ist ganz normal!"
- „Was kann ich für Sie tun?"
- „Was glaube Sie, was Ihnen jetzt guttun könnte?"
- „Was denken Sie, wie werden Sie mit dem Erlebten zurechtkommen?"

Wenn die Betroffenen kognitiv wieder handlungsfähig sind, dann kann man sie über mögliche zu erwartende Belastungsreaktionen und -phänomene aufklären. Man sensibilisiert die Betroffenen für das, was ihnen psychologisch in den nächsten Stunden bis Wochen widerfahren kann (vgl. Richter 2007, 94). Das Wissen darüber kann es den Betroffenen erleichtern, sich dessen früher bewusst zu werden und entsprechend auch früher Hilfe zu suchen. Es ist zu erwarten, dass diese nachfolgende Information dann besonders wirksam ist, wenn die Betroffenen in präventiven Maßnahmen schon im Vorfeld des Ereignisses über die üblichen Folgen von aggressiven Übergriffen und die empfehlenswerten Maßnahmen aufgeklärt wurden.

Diese Handlungsempfehlungen werden sehr treffend im „Safer-Modell" nach Mitchell (vgl. Haupt-Scherer 2018, 25 f.) zusammengefasst:

Stimulationsreduktion

Akzeptanz der Krise

Falsche Bewertungen korrigieren

Erklärung von normalen Stressreaktionen (Psychoedukation)

Rückführung in die Alltagsroutine

Abbildung 30

Grundsätzlich sollte man während der Gespräche immer auf den körperlich-emotionalen Erregungszustand der betreuten Personen achten. Entstehen Anzeichen von (erneuter) Übererregung, dann muss der Fokus (wieder) auf die akute Beruhigung und Sicherung der Personen gelegt werden (vgl. Haupt-Scherer 2018, 27).

2.3 Nachbetreuung durch den Arbeitgeber

Laut einer Studie von Richter (2007, 63) fühlen sich viele Übergriffsopfer (ca. 80%) durch ihre direkten KollegInnen nach einem aggressiven Übergriff gut unterstützt. Die erlebte Unterstützung durch die Vorgesetzten und leitenden Personen der Einrichtungen wurde von den in der Studie befragten Betroffenen als weit weniger hilfreich und ausreichend beschrieben. Nur 40% der StudienteilnehmerInnen berichten davon, mit der Nachsorge durch ihre Vorgesetzten zufrieden gewesen zu sein (ebd.). Damit ist nicht gesagt, dass von Seiten der Vorgesetzten nicht genügend passiert ist. Entscheidend ist aber die Tatsache, ob die Betroffenen diese Hilfsangebote auch wahrnehmen.

Leitende Personen sollten sich klarmachen, dass viele MitarbeiterInnen nach einem aggressiven Übergriff noch längere Zeit mit diesem Erlebnis „zu kämpfen" haben. Es wird ihnen helfen, wenn sie sich durch ihre Leitung gesehen und beachtet fühlen. Dazu ist es notwendig, dass die Leitung immer wieder aktiv den Kontakt zu den betroffenen MitarbeiterInnen sucht und sich nach dem Befinden der Betroffenen erkundigt. Es reicht nicht aus, den Betroffenen mitzuteilen, „dass sie immer das Gespräch suchen können, wenn sie es brauchen!". Die Leitung muss selber den Kontakt suchen (vgl. Richter 2007, 89)! Wichtig ist zu wissen, dass die Initiative der Leitung zusätzlich zum Engagement von KollegInnen erfolgen muss (vgl. Richter 2007, 81).

Auch wenn faktisch ein großer Teil der Betroffenen gar keinen akuten Bedarf nach umfassenden Nachsorgemaßnahmen aufweist, so erwarten dennoch viele, dass solche Maßnahmen angeboten werden (vgl. Richter 2007, 81). Das fürsorgliche Angebot hat in diesem Fall eine positive Wirkung, auch wenn es nicht in Anspruch genommen wird. Das fehlende Angebot kann somit auch eine negative Auswirkung haben, auch wenn tatsächlich keine Betreuung nötig wäre.

Ein Idealzustand wäre es, wenn Betroffene von aggressiven Übergriffen schnellstmöglich den Arbeitsplatz verlassen dürften und könnten, wenn sie dies wünschen. So könnten sie Abstand von dem Geschehen und dem Ort nehmen und somit das Ereignis beenden. Damit könnte dann umgehend die Nachsorge beginnen. Dass dies nicht in allen Einrichtungen möglich ist, ist kein Geheimnis. Mindestens aber sollte es vollen Einsatz dabei geben, sich zu überlegen, wie man die betroffenen MitarbeiterInnen schnellstmöglich aus dem Kontext nehmen kann.

Ein weiterer Punkt, den Arbeitgeber aktiv angehen können ist, dass sie für die gesamte Belegschaft ausreichend kollegiale ErstbetreuerInnen ausbilden lassen, damit eine akute und seriöse Erstbetreuung von Übergriffsopfern auch umgehend geschehen kann. Hinweise und Kontakte zu seriösen und professionellen Anbietern sind in der Regel über die Berufsgenossenschaften und Unfallkassen zu erhalten.

Die kollegiale Erstbetreuung und ein umfassendes Nachsorgekonzept sind Teil eines professionellen Gesamtkonzeptes „Deeskalation" und sollten auch so behandelt werden.

Da aggressive Übergriffe neben den psychischen Schäden und Verletzungen für die Betroffenen auch ökonomische Schäden und Belastungen für die Einrichtungen (vor allem durch Arbeitsausfälle) hervorrufen können (vgl. Richter 2007, 66), ist es mehr als empfehlenswert, sich als Institution mit einem professionellen Deeskalationskonzept für die gesamte Einrichtung (so groß oder so klein sie auch sein mag) zu befassen.

2.4 Selbstfürsorge

Wenn man sich dessen bewusst ist, dass man einer schweren Belastung ausgesetzt war und akzeptiert, dass dies mit nachfolgenden Belastungen verknüpft sein kann, dann wird es leichter fallen, in den nachfolgenden Tagen und ggf. Wochen selbstfürsorglich zu handeln.
Die DeGPT (2020 a) nennt folgende Verhaltensaspekte, die im Nachgang an ein belastendes Ereignis bei der Selbstsicherung bzw. Stabilisierung helfen können:

- Unterstützende Gespräche suchen und zulassen
- Sich in angenehme und achtsame Gesellschaft begeben
- Angenehme Aktivitäten, die von der Belastung ablenken
- Aufrechterhalten eines normalen bzw. geregelten Tagesablaufs
- Genug Schlaf und gesunde Ernährung
- Genug Pausen einlegen
- Entspannungsmethoden anwenden (z. B. Meditation, Atemübungen, Yoga)
- Moderate körperliche Aktivität
- Inanspruchnahme professioneller Beratung
- Tagebuch schreiben (o. ö.)

Ergänzt werden können diese Tipps durch Folgendes:

- Versuchen Sie, ihren Körper bewusst zu spüren
- Bitten Sie andere Personen, aktiv mit Ihnen in Kontakt zu bleiben
- Knüpfen Sie an Routinen an und verändern Sie manche Routinen
- Machen Sie sich kundig über PTBS und damit zusammenhängende Phänomene

(vgl. Richter 2007, 100)

Gerade bei Gesprächen sollte darauf geachtet werden, dass nur dann über das Ereignis gesprochen wird, wenn dies von der betroffenen Person selbst explizit gewünscht wird. Sobald bei solchen Erzählungen Anzeichen von Übererregung (Veränderung von Atem, Hautfarbe, Muskeltonus, etc.) auftreten, ist es ratsam, die Erzählung zu unterbrechen und für Beruhigung zu sorgen (vgl. Haupt-Scherer 2018, 27).

Was auf jeden Fall vermieden werden sollte, auch wenn es kurzfristig oder akut Entlastung verspricht:

- Alkohol- und Drogenkonsum
- Gespräche über das Ereignis
- Sich in ablenkende Arbeit stürzen
- Ablenken durch stark risikobehaftete Aktivitäten (z. B. schnelles Auto- oder Motorradfahren)
- Übermäßiger Konsum von digitalen Medien
- Abbruch der Teilnahme an angenehmen Aktivitäten
- Wut, Gewalt und Schuldzuweisungen

(vgl. DeGPT 2020 a)

Ein weiterer Faktor der Selbstfürsorge liegt in der Aufklärung und Information über das Thema „Umgang mit traumatischen Erlebnissen". Sich mit diesem Thema präventiv zu befassen, kann laut Richter (2007, 26 f.) die Gefahr reduzieren, im Nachgang eines traumatischen Erlebnises eine PTBS zu entwickeln. Die Empfehlung, sich vorab zu informieren, ist umso dringlicher, wenn eine hohe Wahrscheinlichkeit besteht, dass man im Rahmen der beruflichen Tätigkeit mit Gewalt- / Aggressionserlebnissen konfrontiert werden kann.
In jedem Fall sollten Arbeitgeber die Angestellten dazu entsprechend informieren, aufklären und vorbereiten.

3. Dokumentation

Aggressive Eskalationen sollten immer angemessen ausführlich und sorgsam schriftlich dokumentiert werden, auch wenn dies z. T. arbeitsintensiv ist (vgl. Unfallkasse NRW 2010, 40 f.). Dabei ist es ratsam, darauf zu achten, dass durch die Dokumentation auch für Unbeteiligte klar wird, was genau im Rahmen der aggressiven Eskalation geschehen ist.
Es ist davon auszugehen, dass in den meisten pädagogisch arbeitenden Institutionen kein verlässlicher Überblick darüber besteht, wie oft und in welcher Form die Mitarbeitenden Aggressionen in der Ausübung ihres Berufes erleben. Erfahrungsgemäß liegt dies unter anderem auch an der Wahrnehmung und Einstellung der Betroffenen und ihrer Führungskräfte. Viele der dokumentationswürdigen Ereignisse werden von den genannten Beteiligten als „zu gering" oder „nicht anzeigenwürdig" bewertet (vgl. Unfallkasse NRW 2010, 13). Schnell kann der Eindruck entstehen, dass aggressive Erlebnisse „in dem Job normal sind und man damit leben muss, dass dies vorkommt". Diese Sichtweise ist sicherlich nicht ganz falsch, dennoch ist sie kein Argument dafür, aggressive Erlebnisse nicht zu dokumentieren.
Die Dokumentation dient dazu, eine genaue Beschreibung der Geschehnisse zu haben. Diese kann und sollte dazu genutzt werden, z.B. Teammitglieder, Vorgesetzte, Aufsichtsbehörden, die Eltern der beteiligten KuJ zu informieren. Aus der Dokumentation sollte eindeutig hervorgehen

- welche Personen an der Situation direkt und indirekt beteiligt gewesen sind
- an welchem Ort und zu welcher Zeit der Vorfall geschehen ist
- wie genau sich die betroffenen KuJ im Vorfeld, während und unmittelbar nach der aggressiven Eskalation verhalten haben. (Achten Sie dabei darauf, dass hier eine sachliche Verhaltensbeschreibung verlangt ist und interpretative Beschreibungen unangemessen sind!) Hypothesen über die Ursachen der aggressiven Eskalation können hier genannt werden
- wie genau sich der oder die anwesenden verantwortlichen Erwachsenen im Vorfeld, während und unmittelbar nach der aggressiven Eskalation verhalten haben
- welche Form von Schaden für wen der Beteiligten entstanden ist
- wer von wem wann über den Vorfall informiert wurde

Ein systematisches Dokumentationsmanagement kann im Rahmen der systemischen Reflexion und präventiven Deeskalation dazu beitragen, dass aggressionsauslösende Faktoren im Tagesablauf oder in der Struktur einer Einrichtung, Gruppe, o. ä. erkannt und ggf. verändert werden. Wenn das Dokumentationssystem auch noch die Möglichkeit bietet, dass die Häufigkeit und Typologie der aggressiven Eskalationen statistisch ausgewertet werden können, dann kann man auch genauer überprüfen, ob z. B. präventive Maßnahmen Wirkung zeigen.

3.1 Verbandbuch

Jede Form von Gewalterfahrungen kann Verletzungen oder Schäden hervorrufen. Als Verletzungen sind in solch einem Kontext direkt auftretende Schädigungen von Körper und Psyche zu bezeichnen, die auf konkrete schädigende Einwirkungen von außen zurückgeführt werden können. Körperliche Verletzungen können meist von außen erkannt und behandelt werden. Entsprechende Verletzungen sollten Sie in jedem Fall durch einen Durchgangsarzt dokumentieren und als Dienstunfall anerkennen lassen (vgl. VBE 2017, 42).
Schwieriger ist es mit psychischen bzw. emotionalen Schäden. Diese treten oft zeitlich verzögert auf und sind i. d. R. nicht mehr auf konkrete schädigende Handlungen zurückzuführen. So können auch kleine schädigende Handlungen, vor allem wenn sie regelmäßig auftreten, zu ernsthaften Schäden führen (vgl. Spomedial, o. J.). Natürlich können auch einzelne Aggressionserfahrungen, vor allem wenn sie massiv sind und bei den Betroffenen ein Gefühl der Wehrlosigkeit und Ohnmacht auslösen, einen nachhaltigen Schaden hervorrufen, der i. d. R. nicht unmittelbar nach der Aggressionserfahrung sichtbar wird. Aus diesen Gründen ist es absolut notwendig, Aggressionserfahrungen systematisch zu dokumentieren, damit man auch noch später einen Zusammenhang zwischen den erfahrenen Schädigungen in der Vergangenheit und den aufgetretenen Beeinträchtigungen (z. B. Berufsunfähigkeit) herstellen kann. Dabei sollte man dafür sorgen, dass die Dokumentation zügig getätigt wird, denn Erinnerungen verändern sich mit der Zeit und mit der Kommunikation über das Erlebte. Da es für schwer belastete Menschen jedoch z. T. nicht möglich und ratsam ist, direkt nach einem traumatischen Erlebnis dieses schriftlich zu dokumentieren, kann die Dokumentation auch durch unterstützende KollegInnen erfolgen.

4. Anzeige erstatten?

Verbale Aggressionen und Beleidigungen können unter Umständen Straftatbestände erfüllen. Allerdings hat jede geschädigte Person aufgrund von persönlichen Einstellungen und Erfahrungen unterschiedliche „Schmerzgrenzen". Ob z. B. eine Strafanzeige wegen Beleidigung, übler Nachrede oder Verleumdung erstattet wird, hängt somit von der individuellen Bewertung der Betroffenen ab. Jede geschädigte Person hat dabei grundsätzlich das Recht, in eigener Sache Anzeige (einen Strafantrag) zu erstatten. Dabei sollte man wissen, dass nach einem Strafantrag auch geprüft wird, ob die anzeigende Person sich selber rechtswidrig verhalten hat (vgl. Bezirksregierung Münster 2017, 16). Das ist ein Routinevorgang, der aber durchaus Irritationen hervorrufen kann, wenn man darüber nicht informiert ist.

Ob ein rechtlichen Vorgehen Sinn macht, was damit verbunden sein wird und wie die Erfolgsaussichten eingeschätzt werden, kann von juristischen Laien sicherlich nicht ausreichend überblickt werden. Aus diesem Grund scheint es logisch und sinnvoll, sich im Vorfeld eine anwaltliche Beratung einzuholen.

Da Angriffe auf die Unversehrtheit von Personen in Einrichtungen auch immer eine Auswirkung auf die Einrichtung selber haben, erscheint es wichtig und sinnvoll, dass diese Bewertung gemeinsam mit den Vorgesetzen und nach einheitlichen Standards innerhalb einer Einrichtung erfolgt. Ein konsequentes Ahnden von Angriffen und Bedrohungen ist auch aus der Sicht einer gelebten Sicherheitskultur im Betrieb empfehlenswert (vgl. Unfallkasse NRW 2010, 41). Mit „konsequent" ist dabei nicht zwingend „hart" oder „sanktionierend" gemeint. Vielmehr steht konsequent für „folgerichtig" und „verlässlich". So gibt es neben einem strafrechtlichen Weg auch noch andere Wege, um aggressivem Verhalten konsequent zu begegnen. Wenn man in Richtung Grenzsetzung und Kosten-Nutzen-Verhältnis schaut, stehen neben dem strafrechtlichen Weg auch noch zivilrechtliche Schritte, diverse Formen von Ordnungsmaßnahmen und pädagogische sowie ausgleichende Maßnahmen auf der Liste möglicher Konsequenzen.

Wenn der Angriff gegen eine Person erfolgt, die „öffentliche Aufgaben" erfüllt, wie z. B. LehrerInnen, dann kann auch durch den Dienstherren ein Strafantrag gestellt werden. Dies liegt daran, dass der Angriff auf die „Dienstperson" gleichzeitig als Angriff auf den Staat gewertet wird (vgl. Bezirksregierung Münster 2017, 17).

F › Systemische Reflexion

Ausgehend von einer akuten Eskalation kann man versuchen zu analysieren, wie es zu der erlebten Dynamik kam. Dazu empfiehlt die Unfallkasse NRW (2010, 15), vier verschiedene Perspektiven in Bezug auf mögliche Ursachen hin zu betrachten:

Baulich-technische Ursachen	**Ursachen in der Person des Opfers**
Organisationsbedingte Ursachen	**Ursachen in der Person des Täters**

Abbildung 31

Wenn Aggressionen heftig und vor allem häufig auftreten, dann hat das nicht nur Auswirkungen auf die akut betroffenen Personen. Es ist mit Auswirkungen auf das gesamte System zu rechnen (vgl. Unfallkasse NRW 2010, 18). Schwabe (2019, 110 ff.) weist darauf hin, dass die Konflikte zwischen KuJ und Autoritäten auch dazu führen können, dass es zu Konflikten zwischen PädagogInnen derselben oder verschiedener Institutionen kommt, die dann irgendwann den ursprünglichen Konflikt mit den KuJ überlagern. Darauf sollte man vorbereitet sein. Grundlage für eine entsprechende Vorbereitung ist die Akzeptanz, dass sich pädagogische Profis, egal wie reflektiert und erfahren, Übertragungsdynamiken nicht entziehen können.

Wenn es dauerhaft zu ernsthaften aggressiven Eskalationen kommt, sollte überprüft werden, ob die gegebenen Rahmenbedingungen einer Betreuungssituation unter dem Gesichtspunkt „bietet die Betreuung einen ausreichend sicheren Raum für alle Beteiligten" so noch haltbar sind.

Vor allem in der Arbeit mit traumatisierten KuJ muss man berücksichtigen, dass diese unbedingt Sicherheit und Ruhe brauchen. Ohne die Sicherheit können sie nicht zur Ruhe kommen, denn sonst können die Wunden in ihrer Seele nicht heilen. Sind traumatisierte KuJ weiterhin stressigen und subjektiv gefährlichen Faktoren ausgesetzt, wird ihre seelische Verletzung nicht nur nicht besser, sie verschlimmert sich ggf. sogar. Es wäre also nicht ausreichend, zu klären, wie einzelne Eskalationsdynamiken vermieden werden können. Man muss größer denken und herausfinden, was diese KuJ brauchen, um dauerhaft zur Ruhe kommen zu können (vgl. Krüger 2013, 83). Dass es aber trotz optimaler Bedingungen auch weiterhin zu Eskalationen kommen kann, liegt schlichtweg daran, dass die Heilung massiver seelischer Verletzungen, die auch die Hirnstrukturen verändert haben könnten, sehr viel Zeit braucht.

„Unser Gehirn bildet sich eine Meinung (...) noch bevor rationale Gründe eine Rolle spielen. (...) Von da an nehmen wir bevorzugt jene rationalen Fakten wahr, die der Erstentscheidung entsprechen" (Verra 2016, 81). Aus diesem Grund ist es durchaus empfehlenswert, die systemische Reflexion von Eskalationsdynamiken durch autorisierte Unbeteiligte begleiten zu lassen. Diese Personen sind in der Regel eher in der Lage, auch (z. T. unangenehme) alternative Wahrnehmungen einer bestimmten Situation zu entwickeln und diese zu formulieren. Darin liegt eine riesige Chance, auch wenn dies z. T. für die Beteiligten sehr herausfordernd sein kann. Ein bewährtes Mittel bietet hier die Supervision.
Für eine pädagogisch sinnvolle Bearbeitung einer aggressiven Eskalation empfiehlt es sich, systemisch zu denken und zu handeln, denn dies ermöglicht es, Struktur und Dynamik des Eskalationsgeschehens auf allen Ebenen in ihren Wechselwirkungen (zirkulär) zu betrachten. Diese Ebenen sind unter anderem

- die individuelle / intrapersonelle Ebene
- die interpersonelle Ebene
- die gruppenbezogene Ebene
- die organisatorische Ebene
- die Erziehungsebene

(vgl. Klicksafe & Konflikt-KULTUR 2018, 24)

PädagogInnen müssen sich untereinander zu ihren Erfahrungen und zu „ihren" KuJ austauschen (vgl. Bauer 2008, 73 ff.). Dies gilt vor allem für PädagogInnen, die mit den KuJ stressige und herausfordernde Erfahrungen machen. Durch ihre persönliche emotionale Betroffenheit sind die PädagogInnen nach aggressiven Eskalationen manchmal nicht mehr ausreichend in der Lage, die Umstände sachlich und analytisch zu reflektieren. Abhilfe kann hier der kollegiale Austausch mit KollegInnen bringen.
Im Alltag pädagogischer Berufe, egal ob in der Schule oder der Jugendhilfe etc., ist Zeit und Ruhe für ausführliche Reflexion ein seltenes Gut. Umso wichtiger ist es, dass für kollegialen Austausch ausreichend Zeit zur Verfügung gestellt und diese dann auch effektiv genutzt wird.
Besonders empfehlenswert ist hier die Methode der *kollegialen Fallberatung*. Der Nutzen liegt unter anderem darin, dass die Ratsuchenden in kurzer Zeit viele brauchbare Ideen, Perspektiven und Anreize erhalten, die sie alleine so nie entwickelt hätten. Die Erzählungen der Ratsuchenden lösen „in jeder zuhörenden Lehrkraft (...) eine Resonanz aus, die zu überraschenden Einfällen führen kann. Werden diese zusammengetragen, ergeben sich oft frappierend neue Einsichten

und Lösungsansätze" (Bauer 2008, 75). Darüber hinaus wird dann auch eine regelmäßig stattfindende, professionelle Supervision benötigt.

Literatur

- AJS (2017). http://www.ajs.nrw.de/wp-content/uploads/2017/06/AJS-Merkblatt_Notwehrrecht_1.pdf (abgerufen am 25.10.2017)
- Barrish, H. H., Saunders, M. & Wolf, M. M. (1969). Good behavior game: Effects of individual contingencies for group consequences on disruptive behavior in a classroom. Journal of Applied Behavior Analysis, 2, 119–124.
- Bauer, J. ([7]2008). Lob der Schule. Sieben Perspektiven für Schüler, Lehrer und Eltern. München: Heyne.
- Bentzen, M. (2016). Das Neuroaffektive Bilderbuch. Kopenhagen: NAP Books.
- Bezirksregierung Münster (2017). Für die Region. Gewalt gegen Lehrkräfte. Münster.
- BGH NJW 1995, 2643
- Bildung-Uni-Siegen. https://www.bildung.uni-siegen.de/foerderpaed/forum_foerderpaed2016/files/fofoe_ws_b_klassekinderspiel.pdf (abgerufen 17.5.2021)
- Brinkmann, H. U., Frech, S. & Posselt, R. E. (2011). Gewalt zum Thema machen. Gewaltprävention mit Kindern und Jugendlichen. Bundeszentrale für politische Bildung.
- Bundeszentrale für politische Bildung. http://www.bpb.de/nachschlagen/lexika/politiklexikon/17566/gewalt (abgerufen am 12.11.2021)
- Bundeszentrale für politische Bildung. https://www.bpb.de/nachschlagen/lexika/politiklexikon/17812/macht (abgerufen am 03.01.2022)
- Bundschuh, C. (2010). Sexualisierte Gewalt gegen Kinder in Institutionen. Nationaler und internationaler Forschungsstand. Expertise im Rahme des Projektes „Sexuelle Gewalt gegen Mädchen und Jugend in Institutionen“. München: Deutsches Jugendinstitut.

- https://www.dji.de/fileadmin/user_upload/sgmj/Expertise_Bundschuh_mit_Datum.pdf (abgerufen am 12.05.2020)

- Dana, D. (2019). Die Polyvagaltheorie in der Theorie und der Therapie. Den Rhythmus der Regulation nutzen. Lichtenau/Westfahlen: Probst Verlag.

- Deutscher PARITÄTISCHER Wohlfahrtsverband Nordrhein-Westfahlen e.V. (o.J.) (Hg.). Machtmissbrauch. Sexuelle Gewalt in Einrichtungen sozialer Arbeit. Positionen, Konsequenzen, Maßnahmen. Wuppertal.

- Deutschsprachige Gesellschaft für Psychotraumatologie (DeGPT) (a). https://www.degpt.de/DeGPT-Dateien/Kurzinformation.pdf (abgerufen am 29.03.2020)

- Deutschsprachige Gesellschaft für Psychotraumatologie (b). https://www.degpt.de/DeGPT-Dateien/Hinweise%20für%20Erwachsene%20nach%20traumatischen%20Ereignissen.pdf (abgerufen am 29.03.2020)

- Dittmar V. (2009). Verhaltenstherapie ausgewählter Erkrankungen. Traumatherapie.doc (http://www.uni-regensburg.de/Studentisches/Fachschaften/Psychopaed/downloads/psychologie/hauptstudium/klinische_psychologie/zulley/2008/) (abgerufen am 05.11.2017)

- Dutschmann, A. (2003) Nr.44. Verhaltenssteuerung bei aggressiven Kindern und Jugendlichen – Der Umgang mit gezielten-instrumentellen-Aggressionen. Tübingen: dgsv-Verlag

- Dutschmann, A. (2003) Nr.45. Aggressvität und Gewalt bei Kindern und Jugendlichen – Deeskalation und Problemlösung. Tübingen: dgsv-Verlag

- Dutschmann, A. (2001) Nr.46. Aggressvität und Gewalt bei Kindern und Jugendlichen – Steuerung fremdgefährdenden Verhaltens. Tübingen: dgsv-Verlag

- Duden (2017) A. http://www.duden.de/rechtschreibung/Aggression#Bedeutung2a

- Duden (2017) B. http://www.duden.de/rechtschreibung/ignorieren

› Duden C. https://www.duden.de/rechtschreibung/Aggressivitaet

› Elbing, U., Glasenapp, J., Moschner, B. & Rohmann, U. (o. J.). Spiegeln als Mittel der Beziehungsgestaltung in der Therapie für Menschen mit geistiger Behinderung – Ein Überblick http://www.therapie-und-beratung.de/Angebote_zur_Therapie_und_Beratung/Person_Veroffentlichungen_files/Geistige%20Behinderung%201999%20Elbing.pdf (abgerufen am 22.09.2017)

› Feilbach, T. (o. J).. Prävention und Deeskalation im Umgang mit herausforderndem Verhalten bei Menschen mit kognitiven Beeinträchtigungen. http://www.autea.de/fileadmin/media/autea/03_PDF/DGSGB_Beitrag-Praevention_und_Deeskalation_Feilbach.pdf (abgerufen am 25.10.2017)

› Gabler (2017). http://wirtschaftslexikon.gabler.de/Definition/autoritaet.html (abgerufen am 1.7.2017)

› Galtung, J. (1975). Strukturelle Gewalt. Beiträge zur Friedens- und Konfliktforschung, Reinbek bei Hamburg: rororo.

› Gies, H. (o. J.). Sekundäre Traumatisierung und Mitgefühlserschöpfung am Beispiel familienähnlicher stationärer Betreuung in der Jugendhilfe. https://www.institut-trauma-paedagogik.de/files/hedi_gies_artikel.pdf (abgerufen am 31.12.2021)

› Grawe, K. (2004). Neuropsychotherapie. Göttingen: Hogrefe.

› Gudjons, H. ([11]2012). Pädagogisches Grundwissen. Bad Heilbrunn: Verlag Julius Klinkhardt.

› Gugel, G. (2014). Handbuch Gewaltprävention III. Für den Vorschulbereich und die Arbeit mit Kindern. Tübingen: Berghof-Foundation / Friedenspädagogik Tübingen – Wir stärken Dich e.V. https://www.gesundheit.de/krankheiten/druesen-und-hormone/nebenniere/adrenalin (abgerufen am 07.10.2017)

› Harkcom, S. (2017). Unterrichtsstörungen meistern. Reframing im Klassenzimmer. Heidelberg: Carl-Auer-Systeme.

- Haug-Schnabel, G. (2009). Aggression bei Kindern. Praxiskompetenz für Erzieherinnen. Freiburg: Herder.
- Haupt-Scherer, S. ([6]2018). Traumakompetenz. Für die Kinder- und Jugendarbeit. Einführung in die Psychotraumatologie und Traumapädagogik. Schwerte: Evangelische Kirche von Westfalen.
- Haupt-Scherer, S. & Lippegaus, C. ([2]2019). „Ich sehe dich und bin für dich da!" Bindungsorientierte Pädagogik in der Kinder- und Jugendarbeit. Schwerte: Evangelische Kirche von Westfalen.
- Hoegg, G. ([4]2006). SchulRecht. Aus der Praxis – für die Praxis. Weinheim und Basel: Beltz.
- Huber, M. ([4]2003). Trauma und die Folgen. Trauma und Traumabehandlung, Teil 1. Paderborn: Junfermann.
- ICD-10 (o. J.). http://www.icd-code.de/icd/code/F43.0.html (abgerufen am 05.11.2017)
- Juraform.de (o. J.). https://www.juraforum.de/lexikon/unterlassene-hilfeleistung (abgerufen am 3.11.2017)
- Kasten, H. (2014). Entwicklungspsychologie – Lehrbuch für pädagogische Fachkräfte. Haan-Gruiten: Verlag Europa Lehrmittel.
- Keysers, C. (2013).Eine fast mystische Verbindung. http://www.spiegel.de/spiegel/print/d-103361816.html (abgerufen am 12.09.2017)
- Kitarechtler.de (o. J.). http://kitarechtler.de/2016/05/31/kita-recht-a-z-buchstabe-g/ (abgerufen am 5.11.2017)
- Klicksafe & Konflikt-KULTUR ([2]2018). Was tun bei Cybermobbing. Systemische Prävention und Intervention in der Schule. https://www.klicksafe.de/themen/kommunizieren/cyber-mobbing/cyber-mobbing-was-ist-das/modul-was-tun-bei-cybermobbing/ (abgerufen am 5.3.2019)

- Korn, J. & Mücke, T. (2006). Gewalt im Griff 2. Deeskalations- und Mediationstraining. Weinheim und München: Juventa.

- Krüger, A. (2013). Powerbook. Erste Hilfe für die Seele. Hamburg: Elbe & Krueger.

- Lietz, M. & Nileing, A. (2020). Auf die Haltung kommt es an! Wahrung des Schutzes von Kindern in Kindertageseinrichtungen und intervenierende Handlungsmöglichkeiten bei Übergriffen. In: jugendhilfereport 04.2020.

- Lochmüller, H. (o. J.). http://offenes-netzwerk-lernen.de/web/wp-content/uploads/2016/12/Infopapier-Ampelmodell.pdf (abgerufen am 24.10.2017)

- Medizininfo.de (o. J.). http://www.medizinfo.de/kopfundseele/trauma/schock.shtml (abgerufen am 05.11.2017)

- Nielsen, J. A., Zielinski, B. A., Ferguson, M. A., Lainhart, J. E. & Anderson J. S. (2013). An Evaluation of the Left-Brain vs. Right-Brain Hypothesis with Resting State Functional Connectivity Magnetic Resonance Imaging. Texhttps://journals.plos.org/plosone/article/file?id=10.1371/journal.pone.0071275&type=printablet (abgerufen am 04.02.2019)

- Nolting, H. P. (2007). Lernfall Aggression – Wie sie entsteht, wie sie zu verhindern ist. Reinbek bei Hamburg: rororo.

- Omer, H. & von Schlippe, A. (2015). Stärke statt Macht. Neue Autorität in Familie, Schule und Gemeinde. Göttingen: Vandenhoeck & Ruprecht.

- Ostern, P. (2008). Erste Hilfe Outdoor – Fit für Notfälle in der freien Natur. Augsburg: Ziel-Verlag.

- Päßler, K. & Trommer, U. (2010). Gewaltprävention – ein Thema für öffentliche Verwaltung?! Das Aachener Modell. Reduzierung von Bedrohungen und Übergriffen an Arbeitsplätzen mit Publikumsverkehr. Düsseldorf: Unfallkasse Nordrhein-Westfalen. (https://www.unfallkasse-nrw.de/fileadmin/server/download/praevention_in_nrw/PIN_37.pdf)

- Porges, S. W. (2010). Die Polyvagaltheorie. Neurophysiologische Grundlagen der Therapie. Emotionen, Bindung, Kommunikation und ihre Entstehung. Paderborn: Junfermann.

- ProDeMa (2016). www.prodema-online.de

- ProDeMa. Kollegiale Erstbetreuung und Nachsorge für traumatisierte Mitarbeiter. https://prodema-online.de/fileadmin/files/Frontend/Ausbildung/Broschueren/keb-infobroschüre-ausbildung-2016-12-14.pdf (abgerufen am 28.11.2017)

- Reinberger, S. (2001). Spieglein, Spieglein im Gehirn. https://www.dasgehirn.info/denken/im-kopf-der-anderen/spieglein-spieglein-im-gehirn (abgerufen am 12.09.2017),

- Rhode, R. & Meis, M. S. (2006). Wenn Nervensägen an unseren Nerven sägen. So lösen Sie Konflikte mit Kindern und Jugendlichen sicher und selbstbewusst. München: Kösel.

- Richter, D. (2007). Patientenübergriffe – Psychische Folgen für Mitarbeiter. Theorie, Empirie, Prävention. Bonn: Psychiatrie-Verlag.

- Ruthemann U. (1993). Aggression und Gewalt im Altenheim – Verständnishilfen und Lösungswege für die Praxis, Basel: Recom.

- Sappok, T. & Zepperitz S. (2016). Das Alter der Gefühle. Über die Bedeutung der emotionalen Entwicklung bei geistiger Behinderung. Göttingen/Bern: Hogrefe.

- Schulministerium NRW (o. J.). https://www.schulministerium.nrw.de/docs/bp/Eltern/Rechtliches/Fragen-und-Antworten-zum-Unterricht/Ordnungs-Erziehungsmassnahmen/ (abgerufen am 25.10.2017)

- Schulz von Thun, F. (1981). Miteinander reden: 1 - Störungen und Klärungen. Reinbek bei Hamburg: rororo.

- Schulz von Thun, F. (1989). Miteinander reden: 2 - Stile Werte und Persönlichkeitsentwicklung. Reinbek bei Hamburg: rororo.

› Spektrum.de (A). Lexikon der Psychologie http://www.spektrum.de/lexikon/psychologie/introspektion/7425 (abgerufen am 22.09.2017)

› Spektrum.de (B). Lexikon der Neurowissenschaft. http://www.spektrum.de/lexikon/neurowissenschaft/noradrenalin/8872 (abgerufen am 22.09.2017)

› Spomedial (o.J.). http://vmrz0100.vm.ruhr-uni-bochum.de/spomedial/content/e866/e2442/e5017/e5018/e5047/e5049/index_ger.html (abgerufen am 05.11.2017)

› stangl.eu (2005): http://lexikon.stangl.eu/1007/aggression (abgerufen am 31.7.2020)

› stangl.eu (2017). Modelllernen. http://lexikon.stangl.eu/1881/modelllernen-lernen-am-modell/ (abgerufen am 15.01.20)

› stangl.eu (2021). Rapport. https://lexikon.stangl.eu/654/rapport?fdx_switcher=desktop (abgerufen am 10.11.2021)

› Strafgesetzbuch (2022). http://www.gesetze-im-internet.de (abgerufen am 31.3.2022)

› Schwabe, M. ([6]2019). Eskalation und De-Eskalation in Einrichtungen der Jugendhilfe. Konstruktiver Umgang mit Aggression und Gewalt in Arbeitsfeldern der Jugendhilfe. Weinheim: Beltz Juventa.

› swisshealthmed. https://swisshealthmed.de/index.php/noradrenalin-170.html (abgerufen am 12.07.2017)

› Van Der Kolk, B. ([5]2018). Verkörperter Schrecken. Traumaspuren in Gehirn, Geist und Körper und wie man sie heilen kann. Lichtenau/Westfalen: G. P. Probst.

› VBE (2017). Das Tabu brechen. Gewalt gegen Lehrkräfte. http://www.vbe.de/angebote/gewaltbroschuere.html (abgerufen am 1.11.2017).

› Verra, S. (2015). Hey dein Körper spricht! Worum es bei Körpersprache wirklich geht. Hamburg: Edel.

› von Schlippe, A. & Schweitzer J. ([10]2007). Lehrbuch der systemischen Therapie und Beratung. Göttingen: Vandenhoeck & Ruprecht.

› Wahrig – Fremdwörterlexikon (1999). München: dtv.

› Walbert, G. (2010). Unterrichts- und Verhaltensstörungen – Prävention und Intervention. Aachen.

› Watzlawick, P. (2017). http://www.paulwatzlawick.de/axiome.html (abgerufen am 28.6.2017)

› Watzlawick, P., Beavin, J. H. & Jackson, D. D. ([11]2007). Menschliche Kommunikation. Formen, Störungen, Paradoxien. Bern: Huber.

› Weineck, J. (2007). Optimales Training – Leistungsphysiologische Trainingslehre unter Berücksichtigung des Kinder und Jugendtrainings. Balingen: Spitta.

› Weidner, J., Kilb, R. & Kreft, D. (Hrsg.) (2004). Gewalt im Griff – Neue Formen des Anti-Aggressivitäts-Training. Weinheim und München: Juventa.

› WHO (2002). World Report on Violence an Health. Genf: World Health Organisation.

› Wikipedia. https://de.wikipedia.org/wiki/Autorität (abgerufen am 01.07.2017)

› Wilk, W. W. & Wilk, M. (2007). Psychologische Erste Hilfe bei Extremereignissen am Arbeitsplatz: Arbeitsunfall – Gewaltverbrechen – Tod. Berlin: Erich Schmidt.

Raum für Notizen

Raum für Notizen

Raum für Notizen

Raum für Notizen

Raum für Notizen

Aus der eigenen Kraft schöpfen ...

Erich Kasten

Mein Trainingsbuch Lebensfreude

Die Ab-in-den-Müll-Kur für Ihre Depressionen

Der Schwerpunkt des Buches liegt in der Vermittlung von Methoden, wie man aus einer Phase von wirklich miserabler Stimmung wieder herausfindet. Depressionen werden als eine Erkrankung gesehen, der man nicht hilflos ausgeliefert sein muss. Grundlage sind Übungen, um zu lernen aktiver zu werden und mehr Lebensfreude zu genießen. Der Leser begreift, wie er selbst (wieder) zum Boss in seinem eigenen Kopf werden und negative Gedanken und Gefühle „hinausfegen" kann. Es werden Ratschläge gegeben, um dem Gedanken zu begegnen, seinem eigenen Leben ein Ende setzen zu wollen. Es gibt Tipps, um mit Lebensereignissen abzuschließen, die unabänderlich sind. Vor allem wird eine Fülle von Möglichkeiten aufgezeigt, um wieder etwas mehr Pepp, Freude und Spaß in den Alltagstrott hineinzubringen. Der Band geht ebenso darauf ein, wie man mit chronischen beruflichen oder familiären Belastungen umgehen kann, wie auch mit Situationen ständiger Langeweile und dem Gefühl überflüssig zu sein. Der Band zeigt durch eine Vielzahl von Übungen auf, wie man Lebensfreude regelrecht trainieren kann und sich damit wieder einen kleinen Teil vom großen Glück sichert.

168 S., Format DIN A5, br, Alter: ab 18

ISBN 978-3-8080-0792-1 | Bestell-Nr. 5231 | 16,95 Euro

Erich Kasten

Mein Trainingsbuch Selbstvertrauen

Die Ab-in-den-Müll-Kur für Ihre Ängste

Eine Bedienungsanleitung für Ihr Selbstbewusstsein

Die gute Nachricht vorweg: Angst zu haben ist völlig normal, sich vor etwas zu fürchten hat eine Schutzfunktion und ängstliche Menschen begehen seltener Fehler. Wenn allerdings die Angst überhand nimmt und Verhaltensweisen blockiert, an denen alle anderen Menschen offenkundig Freude haben, dann sollte man etwas dagegen tun. Der Mensch hat sich eine sehr komplexe Welt geschaffen, und um einigermaßen gut durchs Leben zu kommen, muss man eine Fülle sozialer Fertigkeiten erlernen. Das Buch hilft dabei, eigene Ängste zu besiegen und Stück für Stück mehr Selbstvertrauen aufzubauen. Ob es sich darum dreht, einen Vortrag vor einer Gruppe zu halten, Prüfungsangst durchzustehen, alleine zu verreisen oder einen potenziellen Lebensabschnittspartner anzusprechen und in ein Gespräch zu verwickeln – all das kann man lernen.

Mit diesem Übungsprogramm lernt man Befürchtungen beiseite zu schieben, Ängste zu verlieren, man traut sich neue Wege einzuschlagen und kann beruflich wie privat erfolgreicher zu werden.

168 S., Format DIN A5, br, Alter: ab 18

ISBN 978-3-8080-0793-8 | Bestell-Nr. 5232 | 16,95 Euro

Jürgen Hargens

Systemische Therapie ... und gut

Ein Lehrstück mit Hägar

Ein Lesevergnügen für zwischendurch und mittendrin, anregend und erheiternd – anders gesagt: wer dieses Buch nicht liest, ist selber schuld.

„Lesespaß, deshalb schon gut! Und: wissenschaftlich Relevantes lebendig geschrieben." Leserzuschrift, Sozialtherapeutin

„Ich finde, es ist ein gelungenes Buch mit viel Humor und der Erkenntnis, die Dinge nicht immer bewerten zu müssen, etwas hinein zu interpretieren oder dem Klienten sein eigenes 'Richtig' aufzustempeln. Ihn zu nehmen wie er ist und nicht nur seine negativen Seiten, Auffälligkeiten und Probleme zu ‚therapieren', sondern ihn mit seinen positiven Seiten näher zu bringen.

Ich habe sehr viel gelernt durch dieses Buch: nämlich, dass man als Therapeut nicht auf der anderen Seite sitzt, sondern dass man zusammen – jeder mit seinen Voraussetzungen, Erfahrungen und Erkenntnissen aus seinem Leben – mehr erreicht, als wenn man nur seine ureigenste Therapie durchzieht." Sandra Cela, ergoXchange

6. Auflage 2024, 104 S., mit 46 Hägar-Comics, Format DIN A5, fester Einband

ISBN 978-3-8080-0537-8 | Bestell-Nr. 4323 | 18,80 Euro

Ben Furman

Es ist nie zu spät, eine glückliche Kindheit zu haben

In Wissenschaft und Öffentlichkeit ist der Mythos fest verankert, dass schwierige Bedingungen in der Kindheit unweigerlich zu einem unglücklichen, gefährdeten Erwachsenenleben führen. Dies kann so sein, ist aber in den meisten Fällen nicht zwangsläufig so. Furman lässt eine große Zahl von Betroffenen selbst zu Wort kommen, die einen schwierigen Start ins Leben hatten und trotzdem oder gerade deshalb ein gelungenes Leben führen konnten. Hier geht es nicht darum, die Wahrheit zu schönen oder zu verbiegen und uns selbst zu belügen, damit wir die traurige Vergangenheit in rosarotem Licht sehen! Wir sollen auch nicht so tun, als hätten wir eine glückliche Kindheit gehabt, wenn es nicht so war. Aber tief in ihrem Herzen wissen die Menschen oft, was ihnen helfen könnte, und schaffen es trotz widriger Umstände glücklich zu werden. Das Buch will Mut machen, auf die innere Stimme zu hören.

Das Buch wurde in die Liste der „Einhundert Meisterwerke der Psychotherapie" aufgenommen.

„Dieses Buch ist sehr interessant. Ich habe es in zwei Tagen ausgelesen. Es trifft meine Vergangenheit und auch meine Zukunft, und ist hilfreich für meinen Sohn, der gerade 4 1/2 Jahre alt ist. DANKE!" Leserzuschrift

8. Auflage, 112 S., Format DIN A5, br

ISBN 978-3-8080-0845-4 | Bestell-Nr. 8398 | 15,30 Euro

vml verlag modernes lernen

Schleefstraße 14, D-44287 Dortmund
Telefon 02 31 12 80 08, Fax 02 31 12 56 40
E-Mail: info@verlag-modernes-lernen.de
Leseproben und Bestellen im Internet: www.verlag-modernes-lernen.de

Konflikte vermeiden – Konflikte lösen

Dagmar Pflug

Sich-fühlen • mit-fühlen • wohl-fühlen

Methodenhandbuch zur Thematisierung von Gefühlen
14 Gefühlskarten für die Arbeit mit Kindern und Jugendlichen

„Wie geht es dir gerade?"
Wenn andere meine Gefühle ernstnehmen, so gelingt mir dies auch viel besser, und ich fühle mich angenommen in der Gemeinschaft – eine wesentliche Voraussetzung für soziales Lernen und Anpassungsbereitschaft.
Dieses Handbuch enthält neben 14 Gefühlskarten klar verständliche (Spiel-) Anleitungen, um Gefühle zum Thema zu machen. Sie sind gezielt einsetzbar, um das Gruppen- und Arbeitsklima zu verbessern, das Selbstbewusstsein und die Wahrnehmung zu fördern, die sozialen Kompetenzen zu stärken, Konflikte zu bearbeiten, und sie dienen der Gewaltprävention.
Die Arbeit mit den Karten ist einfach, macht Spaß und erfordert kaum Vorbereitung – sie sind mit den Beschreibungen der spielerischen Übungen wertvolles Handwerkszeug für die Arbeit in Schule, Kindergarten, Hort oder ähnlichen Gruppengefügen.

4. Auflage 2023, 48 S., 14 farbige Gefühlskarten zum Ausschneiden, UV-beständiger Drucklack, Format DIN A5, Ringbindung, Alter: 5–18
ISBN 978-3-942976-03-9 | Bestell-Nr. 9448 | 18,80 Euro

Dieter Krowatschek / Gordon Wingert / Gita Krowatschek

Soziales Lernen – pur!

Beliebte Übungen für die Arbeit in Gruppen

„Die durchdachten und wohlerprobten Übungen und Methoden beinhalten Neues und Bekannt-Bewährtes und scheinen mir zieldienlich zur Anbahnung und zum Aufbau sozialer Kompetenzen im pädagogischen Alltag. Sie sind vermutlich kein Allheilmittel und werden ihre Grenzen haben, wenn es um SchülerInnen mit hohem psycho-sozialen Förderbedarf geht. Sie dienen aus meiner Sicht eher dazu, Kinder zu lehren zum Brunnen zu gehen als dass sie Methoden oder Handwerkszeug zur Verfügung stellen, wenn das Kind – die Kinder und jugendlichen bzw. die Klassensituation – in den Brunnen gefallen ist, sie dort wieder herauszuholen, da werden weitere Konzepte und Maßnahmen erforderlich sein. Ich wünsche dem Buch viele LeserInnen, die es nicht nur als Sammlung von schnell einsetzbaren Tools nutzen, sondern im Sinne der AutorInnen in ein Konzept von sozialem Lernen als Grundlage ihres schulischen und pädagogischen Handelns in ihre tägliche Unterrichtsgestaltung einbetten. Geeignet scheint es mir für den Einsatz vorrangig in Grund- und Förderschulen sowie in den unteren Stufen weiterführender Schulen." Cornelia Tsirigotis, systhema

5., durchgesehene Auflage 2023, 224 S., 16x23cm, NEU: farbige Fotos, Klappenbroschur, Alter: 6–66
ISBN 978-3-942976-32-90 | Bestell-Nr. 9421 | 21,95 Euro

Barbara Götz

Bausteine des Stärkens

Ein Praxishandbuch für die Anleitung zur Selbstbehauptung von Frauen und Mädchen mit und ohne Behinderungen

Dieses Buch richtet sich an alle, die mit Frauen und Mädchen mit und ohne Behinderungen arbeiten und die sich aktiv für deren Stärkung engagieren möchten. Sie finden hier praxiserprobtes und bewährtes Handwerkszeug für eigene Kursangebote. Der Weg zu einer effektiven Selbstverteidigung und -behauptung führt über das Stärken der Teilnehmerinnen. Ihnen in Übungen Selbstsicherheit zu vermitteln, ist die Grundlage dieser pädagogischen Arbeit. Ziel ist es letzten Endes, mit den Frauen und Mädchen ein Verhalten einzuüben, das es ihnen ermöglicht, situations- und beziehungsangemessen auf Übergriffe körperlicher und sexualisierter Gewalt zu reagieren. Es geht darum, im Idealfall Selbstbewusstsein, Sicherheit und innere Stärke auszustrahlen – oder zumindest diesen Eindruck glaubhaft zu erwecken. Jedes Thema besteht aus einem Theorieteil sowie den entsprechenden Vorschlägen zur Umsetzung in der Kurspraxis. Die vorgeschlagenen Verteidigungstechniken nutzen ein breites Spektrum von körpersprachlichen und verbalen bis hin zu körperlichen Strategien. Ein von einer Rechtsanwältin verfasstes Kapitel zu rechtlichen Fragen rundet das Buch ab.

176 S., Format 16x23cm, Klappenbroschur
ISBN 978-3-8080-0891-1 | Bestell-Nr. 3661 | 19,95 Euro

Herbert Schatz / Dorothea Bräutigam

Locker Bleiben

Sozialtraining für Schüler mit sonderpädagogischem Förderbedarf – Handlungsorientierte Methoden zum Sozialen Lernen und zur Gewaltprävention

„Man kann mit diesem Buch komplex sowie mit einzelnen ausgesuchten Trainingseinheiten arbeiten. Der sehr gut strukturierte Aufbau ermöglicht den vielfältigen Einsatz mit Kindern. Zur Unterstützung und Vertiefung von handlungsorientierten Methoden befindet sich im Buch eine CD mit weiterem Einsatzmaterial. Das im Buch befindliche Trainingsmaterial gliedert sich in zwei Bereiche. Zum ersten erfährt der Pädagoge etwas über die theoretische Einführung zum Grundgedanken der Entwicklungspädagogik, die Ziele und Einsatzmöglichkeiten. Im zweiten Teil, dem Hauptteil findet man den großen Praxisteil mit einer Fülle von Trainingsideen, die methodisch präzise beschrieben und aufgearbeitet sind. Dabei handelt es sich um Themen wie 'Regeln und Strukturen', 'In kleinen Gruppen kooperieren' oder 'Provokation aushalten – Aggressionen verstehen'. Dieses Buch eignet sich hervorragend für den Gemeinsamen Unterricht. Mit über 122 Übungen und Methoden können Kinder mit und ohne Behinderung gut strukturiert arbeiten." AG Jugendliteratur & Medien der GEW

3. Auflage, 208 S., farbige Abb., Beigabe: Vorlagen auf CD-ROM + Online-Material, Format 16x23cm, Klappenbroschur, Alter: ab 8
ISBN 978-3-938187-82-1 | Bestell-Nr. 9430 | 21,95 Euro

623/03-23

verlag modernes lernen

Schleefstraße 14, D-44287 Dortmund
Telefon 02 31 12 80 08, Fax 02 31 12 56 40
E-Mail: info@verlag-modernes-lernen.de
Leseproben und Bestellen im Internet: www.verlag-modernes-lernen.de